"十四五"普通高等教育本科部委级规划教材

U0734426

多属性决策理论方法及其在纺织服装中的应用

叶　晶　编著

中国纺织出版社有限公司

内 容 提 要

多属性决策是现代决策科学的重要组成部分,是运筹学与管理科学的重要分支。多属性决策着重研究关于离散的、有限个决策方案的决策问题。本书从多属性决策的基本要素出发,以得分模式、折中模式、调和模式三种分类分别介绍典型的多属性决策方法,并以纺织服装行业的具体案例进行分析说明,使理论知识对应用实践更具指导意义。

本书可作为高等院校纺织服装专业的相关教材,也可作为相关领域的教师、科技工作者、工程技术人员以及企业管理者的参考用书。

图书在版编目(CIP)数据

多属性决策理论方法及其在纺织服装中的应用 / 叶晶编著 . -- 北京:中国纺织出版社有限公司,2023.5
"十四五"普通高等教育本科部委级规划教材
ISBN 978-7-5229-0499-3

Ⅰ. ①多… Ⅱ. ①叶… Ⅲ. ①决策方法-应用-纺织工业-高等学校-教材②决策方法-应用-服装工业-高等学校-教材 Ⅳ. ① F416.8

中国国家版本馆 CIP 数据核字(2023)第 063010 号

责任编辑:朱冠霖 魏 萌 责任校对:江思飞
责任印制:王艳丽

中国纺织出版社有限公司出版发行
地址:北京市朝阳区百子湾东里 A407 号楼 邮政编码:100124
销售电话:010—67004422 传真:010—87155801
http://www.c-textilep.com
中国纺织出版社天猫旗舰店
官方微博http://weibo.com/2119887771
三河市宏盛印务有限公司印刷 各地新华书店经销
2023 年 5 月第 1 版第 1 次印刷
开本:787×1092 1/16 印张:9.5
字数:215 千字 定价:49.80 元

前 言
PREFACE

多属性决策是现代决策科学的一个重要组成部分，其理论和方法在诸多领域得到广泛的应用。尤其是近年来，人们越来越多地将多属性决策方法运用到实际工作的评价决策中，如供应商选择、纺织服装面料选择等方面，已经产生了许多卓越的研究成果。

本书共分为九章，其中，第一、二章主要介绍了管理决策的基本知识、多属性决策的相关理论知识；第三、四章主要介绍了基于得分模式的几种常用决策方法；第五、六、七章主要介绍了基于折中模式的几种常用决策方法；第八、九章主要介绍了基于调和模型的几种常用方法。注重方法的应用性是本书编写的宗旨，本书以众多实例、图表说明理论内容，提供具体的计算步骤，力求内容生动，使理论知识对应用实践更具指导意义。

笔者在编写过程中查阅了大量国内外相关图书和论文资料，并引用了其中一些有价值的论点和实例，在此特予说明，并向本书引用的文献著作者致以诚挚的谢意。本书的编写得到了嘉兴学院设计学院领导、老师的大力支持，在此表示诚挚的谢意。

由于笔者的经验和能力有限，加之管理决策科学涉及领域广泛，本书不能全面反映管理决策科学研究领域的研究成果。书中难免有遗漏及不妥之处，敬请各位专家、读者指正，在以后的版本中再进行完善。

叶 晶

2022 年 10 月

目 录
C O N T E N T S

第1章 绪论···001

1.1 决策的概念···002

　　1.1.1 决策的含义 ···002

　　1.1.2 决策在管理中的地位 ·······························002

　　1.1.3 决策的特点 ···002

1.2 决策的发展历程···004

　　1.2.1 本能阶段 ···004

　　1.2.2 原始阶段 ···004

　　1.2.3 发展阶段 ···004

　　1.2.4 科学决策阶段 ···005

1.3 决策的分类···010

　　1.3.1 根据决策者身份分类 ···································010

　　1.3.2 根据决策条件的可靠程度分类 ·························011

　　1.3.3 根据决策问题的层次分类 ·····························011

　　1.3.4 根据决策的重复程度分类 ·····························012

　　1.3.5 根据决策方式分类 ·····································012

　　1.3.6 根据决策的状态分类 ···································014

1.3.7　根据决策的目标数量分类 ················014

1.4　决策的过程 ··014

　　1.4.1　决策过程的四个阶段 ················014

　　1.4.2　管理科学的决策程序 ················015

第2章　多属性决策分析的基本概念 ················**019**

2.1　多属性决策与多目标决策问题分类 ················020

　　2.1.1　多准则决策问题 ················020

　　2.1.2　多属性决策的概念 ················020

　　2.1.3　多目标决策的概念 ················021

　　2.1.4　两种决策的区别 ················021

　　2.1.5　多属性决策的一般过程 ················022

　　2.1.6　多属性决策的标准 ················023

2.2　多属性决策相关概念 ··024

　　2.2.1　决策问题 ················024

　　2.2.2　备选方案 ················024

　　2.2.3　决策者 ················024

　　2.2.4　决策矩阵 ················025

　　2.2.5　偏好 ················025

　　2.2.6　权重 ················026

　　2.2.7　决策变量 ················026

2.3　属性及其分类 ··026

2.4　方案属性值的无量纲化 ··028

　　2.4.1　定性属性的量化 ················028

　　2.4.2　不同量纲属性值的规范化 ················029

2.5　属性权重确定方法研究…………………………033

　　2.5.1　主观赋权法 …………………………034

　　2.5.2　客观赋权法 …………………………041

　　2.5.3　主客观集成赋权法 …………………047

2.6　多属性决策方法选择…………………………049

　　2.6.1　方法选择的必要性 …………………049

　　2.6.2　多属性决策方法分类 ………………049

第3章　AHP法和ANP法 …………………………… **051**

3.1　AHP概述 ……………………………………052

3.2　AHP的基本原理和特点 ……………………052

　　3.2.1　AHP的基本原理 ……………………052

　　3.2.2　AHP的优缺点 ………………………053

　　3.2.3　AHP的分析步骤 ……………………054

3.3　案例研究………………………………………058

　　3.3.1　背景描述 ……………………………058

　　3.3.2　评价指标体系的构建 ………………058

　　3.3.3　AHP分析 ……………………………059

3.4　ANP概述 ……………………………………064

3.5　ANP的基本模型和应用 ……………………064

　　3.5.1　ANP的基本模型 ……………………064

　　3.5.2　ANP的应用步骤 ……………………068

　　3.5.3　ANP的实现——超级决策软件 ………068

3.6　案例分析………………………………………069

　　3.6.1　影响因素关联分析 …………………069

3.6.2 基于ANP的影响因素重要性分析 ……069

第4章 WSM法和WPM法 …………………………… **079**

4.1 WSM——线性加权集结方式 …………………080

    4.1.1 WSM的决策过程 …………………………080

    4.1.2 WSM的特点 ………………………………080

4.2 WPM——非线性加权集结方式 ………………081

    4.2.1 WPM的决策过程 …………………………081

    4.2.2 WPM的特点 ………………………………081

4.3 案例研究 ………………………………………082

    4.3.1 构建层次结构 ……………………………082

    4.3.2 权重计算 …………………………………083

    4.3.3 构建决策矩阵 ……………………………083

    4.3.4 决策矩阵规范化 …………………………084

    4.3.5 综合评价各方案 …………………………085

第5章 TOPSIS法 ………………………………… **089**

5.1 TOPSIS简介 ……………………………………090

5.2 TOPSIS法的决策分析步骤 ……………………091

5.3 案例分析 ………………………………………093

    5.3.1 AHP法 ……………………………………093

    5.3.2 TOPSIS法 …………………………………095

第6章 EDAS法 …………………………………… **097**

6.1 EDAS简介 ………………………………………098

6.2 EDAS的计算步骤 ………………………………098

6.3　案例研究 ……………………………………………… 100

第7章　VIKOR法 ……………………………… **105**

7.1　VIKOR简介 ………………………………………… 106

7.1.1　VIKOR的特点 ……………………… 107

7.1.2　VIKOR法的应用 …………………… 107

7.2　VIKOR法的计算步骤 ……………………………… 107

7.3　案例研究 ……………………………………………… 109

7.3.1　构建层次 ……………………………… 109

7.3.2　权重确定 ……………………………… 110

7.3.3　VIKOR法选择方案 ……………… 111

第8章　PROMETHEE法 …………………… **115**

8.1　PROMETHEE简介 ………………………………… 116

8.2　偏好函数 ……………………………………………… 117

8.3　PROMETHEE法的基本步骤 ……………………… 120

8.3.1　PROMETHEE Ⅰ的决策过程 ………… 120

8.3.2　PROMETHEE Ⅱ的决策过程 ………… 121

8.4　案例研究 ……………………………………………… 121

8.4.1　构建面料评价层次结构 …………… 122

8.4.2　构建决策矩阵 ……………………… 122

8.4.3　计算权重及一致性检测 …………… 122

8.4.4　PROMETHEE Ⅱ法 ………………… 124

第9章　ELECTRE法 ……………………………………… 129

　　9.1　ELECTRE法简介 ………………………………130

　　　　9.1.1　ELECTRE的概念 ………………………130

　　　　9.1.2　ELECTRE的特点 ………………………130

　　　　9.1.3　ELECTRE的分类 ………………………130

　　9.2　ELECTRE法计算步骤 …………………………131

　　9.3　案例研究 ………………………………………134

参考文献 …………………………………………………… 139

第 1 章
绪论

————

本章知识点：

1. 决策的含义、特点及其在管理中的地位

2. 决策的四个发展历程

3. 决策的七种分类方式

4. 决策的具体过程

1.1 决策的概念

1.1.1 决策的含义

"决策"（Decision Making）一词，在现代社会中的应用越来越广泛。大到国家层面的各种政治经济、国防政策的决策，小到单位企业的管理、经营等各种决策，甚至个人生活中进行的各种选择，都是决策。那么，什么是决策，它是怎么定义的呢?

目前，关于"决策"一词还没有完全一致的定义，归纳起来，主要分为狭义和广义两种。从狭义上看，决策就是做决定、选方案，从两个以上的备选方案中选择一个最优的或最满意的方案，有人形象地称为"拍板"，认为是领导的行为;从广义上看，决策不仅包括方案的选定，而且包括选择前设计、构造，提出多种可行方案，事后对选定的方案进行实施、监测、评价和鉴定。

由此看出，决策是一系列完整的、人的选择行动方案的制订过程，分析研究的方法涉及自然科学、社会科学领域，包含经济学、管理学、数学、心理学、组织行为学等。因此，决策是一门综合性的学科，目前已成为一个十分活跃的研究领域，并随着科学技术的进步而不断发展。

1.1.2 决策在管理中的地位

决策在现代管理中具有非常重要的意义，它既是管理过程的核心，又是履行各种管理职能的基础，是为了达到某个特定目标，从各种不同的方案中选取最优方案的活动（或过程）。在科学技术日新月异的今天，人类的生存与发展面临更多、更严峻的问题，因此如何正确地做出有效、合理的决策就成为决策问题中至关重要的一个环节。

1.1.3 决策的特点

（1）选择性

决策就是做出选择。没有选择也就是无须决策。决策过程中往往存在多种方案，这些方案之间各有优缺点。对于决策而言，从这些方案中选择最优的或者最满意的方案至关重要。

（2）目的性

任何决策都有其目的，目的是决策的方向。目的不明确，就无法提供有效的方案，也无法进行方案的选择。科学决策的基础就是要有明确、清晰的目标。

（3）预测性

决策问题都是还没有发生或者即将发生的。决策的影响在决策执行后才出现。有些情况下，决策的影响会在决策执行以后的很长时间内才能显现。这要求决策活动既要立足于现实，又要面向未来，要有预见性和前瞻性。

（4）主观性

无论是个体决策还是集体决策，都不能忽视决策者个人的价值标准和偏好等主观因素对于决策过程的影响。决策的这一特性也说明了决策在一定程度上是一个主观思维活动的过程，决策者的素质对决策有着重要影响。

（5）经济性

决策过程需要收集信息、组织决策、进行决策认证等，这些活动都需要花费大量的人力、物力、财力，因此决策者需要有效控制决策成本。此外，对于决策方案的选择，决策者应该确保决策效益最大化。

（6）实践性

决策的目的是解决问题，因此必须将决策方案付诸实践。这就要求决策方案要有可操作性。同时，既需要掌握决策的科学规律，也需要不断实践，在实践中提高决策水平。

（7）动态性

决策活动是一个动态过程，决策者要根据决策环境的变化情况、决策执行结果的反馈信息不断调整、修正方案，甚至制订新的决策方案，以期达到最佳的决策效果。

（8）风险性

决策的风险性主要来自两方面因素：一是决策者个人的主观因素（如价值观、主观偏好等）和非理性因素（对风险和收益的态度）会给决策带来一定的风险；二是决策未来环境的不确定性和决策的预测性，使决策本身具有风险性。

1.2　决策的发展历程

决策是人类的固有行为。我们每天都在不断地做着各种各样的决策，小到一日三餐的饮食起居，大到关乎国家兴衰、人类存亡的政策制定。科学技术的不断进步，也促使人类决策逐步面向科学化发展。纵观人类决策的发展过程，可以将决策大致分为四个阶段，在不同的阶段，人类决策的依据有所不同，但发展演变的总趋势不变。

1.2.1　本能阶段

在人类发展初期，决策依据的是本能反应。例如，刚出生的孩子饿了会吮吸手指；手触摸到火烫的东西，会本能地缩回来，等等。掌管本能的大脑组织控制着人类的决策。

1.2.2　原始阶段

人类不断地学习，进入依据自然给定的结果进行决策的原始阶段。原始阶段依据自然给出的结果来进行决策，实质上是没有发现自然界存在的客观规律。古时的龟卜就是典型的原始决策。

1.2.3　发展阶段

人类与动物的区别在于思考，思考事情背后的规律。随着思考的不断深入，人类开始探索自然的决策规律。

在文艺复兴时期，很多科学家发现一些植物的花瓣、萼片、果实的数目以及排列的方式上都有一个神奇的规律，它们都非常符合著名的斐波那契数列。例如，人们发现天然孕育的花朵，其花瓣数量必然为斐波那契数列（1、2、3、5、8、13……）中的一项。这种大自然的规律性激发了人类对自然探索的极大热情。牛顿将其阐述力学三大定律的代表性著作命名为《自然哲学的数学原理》，正是探索自然规律的鲜明写照。

原始阶段与发展阶段的主要区别在于：发展阶段依据自然规律进行决策，实质上承认了自然规律的存在性与稳定性，尽管这种规律背后的科学原理未被揭示。

1.2.4 科学决策阶段

科学的发展推动人类前进的车轮。人类对世界的不断探索，揭开了自然界一个个规律背后的科学原理。例如，自然界的花朵，其花瓣数量服从斐波那契数列，背后隐藏的是显性基因和隐性基因的遗传规律。科技发展与知识爆炸引导人类进入科学决策阶段，人类开始运用科学手段向未来发起挑战，逐步形成了决策科学的一套理论体系。科学决策方法主要划分为两大类：面向未来的科学决策方法、基于过去的科学决策方法。

1.2.4.1 面向未来的科学决策方法

决策是为未来服务的，面向未来的决策方法在相当长时间内（包括现在）占据着决策科学的主流地位。其中，期望值理论与期望效用理论是长期以来主流的面向未来的决策方法，基本假设为人类完全理性，包括个体利润最大化，完全、无偏信息，决策者是智能人，效用函数稳定等。近年来，前景理论作为一种基于有限理性的、全新的面向未来的决策方法，吸引了越来越多的学者的关注。

（1）期望值理论

期望值理论依据损益结果的大小进行决策。下面根据一个博彩的例子描述期望值理论。

博彩A：80%的机会得到4000元，20%的机会什么都得不到；

博彩B：100%的机会得到3000元。

根据期望值理论，我们可以得到：

博彩A的期望值＝80%×4000＝3200（元）；

博彩B的期望值＝100%×3000＝3000（元）。

显然3200元＞3000元，因此，依据期望值准则，决策结果是：博彩A优于博彩B。

在相当长时期内，期望值理论被认为是决策的标准理论，直到著名的圣彼得堡悖论（St. Petersburg Paradox）被提出。尼古拉斯·伯努利（Nicolaus Bernoulli）在1738年提出了一个概率期望值悖论来反驳期望值理论，它来自一种掷币游戏。

游戏规则：掷硬币，设定掷出正面为成功；游戏者如果第一次投掷成功，得奖金2元，游戏结束；第一次若不成功则自动获得再掷一次的机会，且无须额外支付成本，第二次成功得奖金4元，游戏结束；在任何轮次，游戏者如果投掷不成功，均能自动获得再掷一次的机会，且无须额外支付成本，直到成功；如果第n次投掷成功，得奖金2^n元；一旦游戏者投掷成功，游戏结束。

请问：你愿意花多少钱玩这个游戏？

根据期望值理论，该游戏的期望值为无穷大；然而，你愿意支付巨资以获得这种游戏的参与机会吗？实验表明，几乎没有人愿意花费巨资参与这个游戏，这意味着期望值理论面临着巨大的质疑。多次实验的结果显示，在尼古拉斯·伯努利投掷游戏中，多次投掷的结果，其平均值最多也就是几十元。正如伊恩·哈金（Ian Hacking）所说："没有人愿意花25元去参加一次这样的游戏。"

（2）期望效用理论

根据尼古拉斯·伯努利投掷游戏，可以发现，人们并不一定按照期望收益的大小进行决策。于是，学者以期望效用理论（Expected Utility Theory，EUT）来替代期望值理论。1944年，冯·诺依曼和摩根斯坦的著作《博弈论和经济行为》问世，以严密的科学论证提出了关于效用存在的公理系统，创建了风险与不确定性决策问题上的理论模型——期望效用理论。期望效用理论依据个人体验的满足程度进行决策。效用是指商品满足人的欲望的能力，并且因人而异。下面仍然以同样的博彩例子说明期望效用理论。

博彩A：80%的机会得到4000元，20%的机会一无所获；

博彩B：100%的机会得到3000元。

试验结果：大约20%的人选择A，大约80%的人选择B。

期望效用理论认为，人们应该选择期望效用最多的那个选项，而不是期望值最大的那个选项。在此博彩中，假定获得4000元收益的效用为1，收益为0元时的效用为0，那么收益为3000元的效用接近0.85。因此，博彩A的期望效用为0.8，博彩B的期望效用约为0.85。因此，人们认为确定性地得到3000元（即B选项）的效用要比风险选择（即A选项）的效用大。

期望效用理论继期望值理论之后，又被认为是决策的标准理论，直至阿莱斯悖论（Allais Paradox）的提出。诺贝尔奖得主、法国经济学家莫里斯·阿莱斯（Maurice Allais）指出许多风险下的决策结果明显地违背了期望效用理论的预测结果。阿莱斯悖论是通过如下两个游戏提出来的。

游戏1：如下两个博彩，你更偏爱哪个？

博彩A：80%的机会得到4000元，20%的机会一无所获；

博彩B：100%的机会得到3000元。

游戏2：如下两个博彩，你更偏爱哪个？

博彩C：20%的机会得到4000元，80%的机会一无所获；

博彩D：25%的机会得到3000元。

上述两个游戏在许多国家和人群中进行实验，结果表明：

对于游戏1：约20%的人选择A，约80%的人选择B；

对于游戏2：约65%的人选择C，约35%的人选择D。

根据期望效用理论，假定4000元代表的效用为1，0元代表的效用为0，3000元代表的效用为x。下面计算两个游戏的期望效用值。

对于游戏1：

博彩A的期望效用 =80%×1=0.8；

博彩B的期望效用 =100%×x=x。

既然大多数人选择B，故可认为$x>0.8$。

对于游戏2：

博彩C的期望效用 =20%×1=0.2；

博彩D的期望值 =25%×x=0.25x。

既然大多数人选择C，故可认为$0.25x<0.2$，即$x<0.8$。

显然，两个推论$x>0.8$与$x<0.8$是矛盾的。于是，阿莱斯悖论的提出，使期望效用理论受到了广泛质疑。

（3）前景理论

随着对期望效用理论的质疑，西蒙提出了有限理性的概念，认为人类不具备搜索所有决策方案的能力、人们追求满意解而非最优解、人类决策会受到环境和情绪的影响。后来，2002年诺贝尔经济学奖得主卡尼曼（Kahneman）和他的合作者特维斯基（Tversky）将心理学的研究成果融入经济学，共同提出了前景理论。编辑和估值的两个阶段是前景理论的重要组成部分，编辑阶段作为第一阶段，是决策者依据自身实际的得失，在参照点的对比基础上，将期望行为组合编码成收益与损失；估值阶段是第二阶段，决策者在这个阶段进行期望的估值及选取；估值阶段的前景V由权重函数$\pi(p)$及价值函数$v(\Delta U)$组成，公式如下：

$$V = \sum \pi(p)v(\Delta U) \tag{1-1}$$

前景理论指出，决策者会依据某事件可能出现的概率做出主观判定，可以用权重函数$\pi(p)$表示，公式如下：

$$\pi(p) = \frac{p^{\gamma}}{\left[p^{\gamma} + (1-p)^{\gamma} \right]^{\frac{1}{\gamma}}} \tag{1-2}$$

式中：p 为特定事件的概率；$\pi(p)$ 为决策者主观判断此特定事件发生的概率，满足 $\pi(0)=0$，$\pi(1)=0$；当 p 特别小时，$\pi(p) > p$，当 p 特别大时，$\pi(p) < p$，即人们通常对小概率事件的发生太过乐观，对大概率事件的出现太过悲观。

价值函数意味着在博弈双方之间，客观明确的损益没有感知与实际价值的偏差，如果博弈双方都不确定损益 ΔU，则会产生感知价值 $\nu(\Delta U)$，价值函数公式如下：

$$v(\Delta U) = \begin{cases} \Delta U^{\alpha}, & \Delta U \geqslant 0 \\ -\lambda(-\Delta U)^{\alpha}, & \Delta U < 0 \end{cases} \tag{1-3}$$

式中：ΔU 为损益离差，是与参照点取值相比较下的值，若决策者对某种做法的主观感知价值为"收益"，则 $\Delta U \geqslant 0$，若决策者对某种做法的主观感知价值为"损失"，则 $\Delta U < 0$；$\alpha \in [0，1]$ 为决策者的风险态度系数，表示决策者对损益感知价值的边际递减程度，α 数值越大，则参与决策的主体对损益感知价值的边际递减程度越大；$\lambda(\lambda \geqslant 1)$ 为决策者的损失规避系数，代表参与决策的决策者对应的损失规避程度，λ 数值越大，则参与决策的主体对损失越敏感。

虽然前景理论是为了修正期望效用理论的不足而提出的，但两种理论间并不是互斥的关系。如果说期望效用理论反映了理性行为的特征，那么前景理论体现的则是有限理性人实际行为的特征。前景理论与期望效用理论的主要区别在于：

首先，期望效用理论的损益值是绝对损益，而前景理论的损益值是相对损益，相对损益是依据参考点得出的判断。

其次，前景理论以价值函数替代期望效用理论中的效用函数。期望效用值是各种不确定状态下的效用值基于客观概率的加权和；前景理论中的期望价值是各种不确定状态下的价值基于主观概率的加权和。

最后，前景理论以损失规避（损失厌恶）为假设，即绝对值相同的损失所带来的价值降低，要远远大于收益所带来的价值提升；相反，在期望效用理论中，数量相同的损失和收益所对应的效用降低和提升是完全对称的。

（4）累积前景理论

累积前景理论是在前景理论基础上发展起来的，放宽了理论描述性方面的一些不合理的假设，引入了两段累积函数，对于不确定情况下的决策过程的描述更为真实，从而使决策过程与决策者有限理性特点相符合。在对前景理论的具体运用中，研究可能会碰到两个比较棘手的问题，一个是可能违背随机性占优原理，另一个是当存在多个结果的前景时，处理起来会比较麻烦。为避免这些问题对研究结果产生影响，部分研究者在编辑阶段进行一些处理（如删除那些被明显占优的前景加以解决），但在处理当中，研究者的随机性比较大，所以最终的结果也往往会差强人意。为了解决该问题，将累积函数引入风险和不确定性决策中，也将累积函数进一步引入前景理论从而形成累积前景理论。较之前景理论，累积前景理论模型不再是对各概率事件的单独转换，而是对整个累积分布函数的整体转换。此外，累积函数的重要贡献在于它可以分别运用于收益和损失领域，这样对于多个结果的前景处理得心应手。

1.2.4.2　基于过去的科学决策方法

未来充满着不确定性，各种可能出现的结果往往不能完全列举，产生结果的可能性更难以把握。同时，人们主要的推理方式是把过去事件与当前事件进行类比，在决策的时候更多的是向过去寻求经验。例如，网上购物时会浏览评价信息来判断；选择聚餐地点时会依据过去经验来判断；人才招聘会根据应聘者的过往经历来决策。这些实例表明，在现实中运用得广泛的决策方法，不是面向未来的决策模式，而是基于过去的决策模式。

伊扎克·吉尔伯阿（Itzhak Gilboa）和大卫·施梅德勒（David Schmeidler）两位学者在1995年提出了公理化的基于过去的科学决策方法——基于案例的决策理论。基于案例的决策理论（Case-based Decision Theory，CBDT）将过去的经验设定为案例集，当人们面临新问题时，会选择在过去类似问题上能够带来最大累积效用的解决方案。例如，选择新手机的时候，我们总会根据之前自身手机的使用情况来决定，如果之前的品牌带来高效用，那么仍然会选择该品牌，反之，则会寻求新的品牌，同时会借鉴周围人的使用经验进行综合判断。

CBDT将决策分为三个方面：问题（Problem）、方案（Act）和结果（Result）。并引进了三个重要的概念：相似程度（Similarity）、效用水平（Utility Level）和期望水平（Aspiration Level），分别用以度量目前与过去两个案例之间问题的相似性、过去使用该方案的效用水平以及采用该方案后的整体期望水平。其中，期望水平是相似程度与效用水平的累计乘积之和，是CBDT的决策依据，CBD决策者的最终选择是采用使期望水平最大的方案。

CBDT模型结合了相似性判定、满意原则和期望效用理论的特点，借鉴了基于案例的推理（Cased-based Reasoning，CBR）以及期望效用理论（EUT）的原理，但又有与这两个理论的不同之处，如图1-1所示。CBDT 相较于 EUT 是一种"有限理性"的描述性理论，不

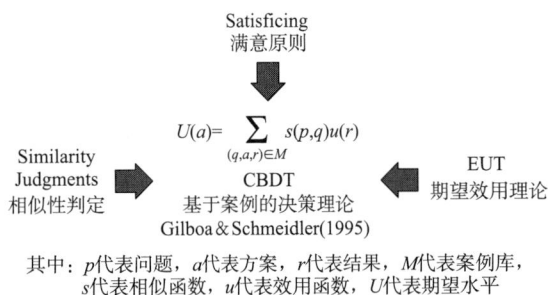

其中：p代表问题，a代表方案，r代表结果，M代表案例库，
s代表相似函数，u代表效用函数，U代表期望水平

图1-1 CBDT模型

需要进行假设推理，只需要决策者清楚其所遇到过的案例，知晓其结果的效用值即可，也不需要提前获知对案例的描述。CBDT相较于EUT的优点是可以通过学习来增加记忆中的案例，从而逐渐做出满意的决策，其更好地反映了人们在决策时的思考过程。EUT则需要知道每个方案在每个状态下的结果，清楚每个结果的效用，以及每种状态的效用函数，在现实应用中存在诸多限制。

1.3　决策的分类

人类活动的复杂多样以及决策的广泛应用，使决策种类繁多。为便于研究和掌握决策的规律，应当从不同的角度对决策进行分类，如根据决策者的多少将决策分为个体决策和群体决策；根据决策时间分为长期决策和短期决策；根据决策目标的多少分为单目标决策和多目标决策，等等。具体来讲，常见的决策分类有以下几种。

1.3.1　根据决策者身份分类

（1）个人决策

决策者为满足个人的目的或动机而以个人身份做出的决策。决策者主要根据个人的经验、智慧和阅历等做出决策。如个人的择校决策、职业选择等都是个人决策。个人决策的优点是决策速度快、责任明确；缺点是容易因循守旧、局限性大。

（2）集体决策

指两个或两个以上的个体组成的决策集体所做出的决策。例如，国家的重大改革措施需要由全国人大代表集体投票决定、企业的高层人事变动等。集体决策的优点是容易充分发挥大众的智慧，可以集思广益；缺点是效率比较低，容易产生推诿责任、从众等情况。

1.3.2 根据决策条件的可靠程度分类

（1）确定型决策

若每种备选方案都只具有一种自然状态，那就是确定型决策。在这类决策中，每种方案未来的预期结果都是明确的，因此决策者只要比较各个结果的优劣，就可以选择出最优方案。

例如，想要订购火车票从上海去北京，要求下午5点前到达，出发时间不早于上午10点，行驶时间越短越好。那么只要前往12306网站查询，先寻找符合起始时间的车次，再找出其中行驶时间最短的，即可做出决策。

（2）风险型决策

若每种备选方案都存在两种以上自然状态，不能知道哪种自然状态会实际发生，但可以测算各种自然状态发生的概率，那就是风险型决策。在这类决策中，决策者可以测算每种预期结果出现的概率。

例如，某报刊亭要确定每天订购《新民晚报》的数量，尽管每天该报纸的实际需求量事先无法预知，但可以根据历史销售数据知道各需求量的出现概率，从而选择最合适的订购量。尽管已知需求量概率，但究竟会出现哪个仍是随机的，因此从事后的角度来看，所做的选择不一定是使实际取得最大收益的那个，也就是决策冒着一定的"风险"。

（3）不确定型决策

若每种备选方案都存在两种以上自然状态，不能知道哪种自然状态会实际发生，且各种自然状态发生的概率也无法知道，那就是不确定型决策。在这类决策中，决策者对各种预期结果出现的概率无法测算，只能以其他方式进行决策。

例如，某单位在招聘时有甲、乙两个人选，甲学习能力强但专业不够对口、工作年限短；乙学习能力一般但专业对口、工作年限长。招聘人员认为，若甲能够勤奋努力，那么未来发展应比乙强；但若甲安于现状、不思进取，则还是乙更好些。但是，甲的工作态度在今后究竟会如何呢？这个概率是无法预知的。因此，招聘人员只能凭经验、感觉和估计做出决策。

1.3.3 根据决策问题的层次分类

（1）战略决策

又称为宏观决策，关系全局，如企业的经营方向、产品开发战略、企业投资组织机构等。战略决策具有全局性、长远性、方向性特点，一般实施时间较长，决策结果影响到组织的各个方面。此类决策通常由组织的高层领导制定。

（2）战术决策

又称为微观决策，解决的是局部的、具体的问题，如企业本季度的经营计划、设备更新计划等。战术决策具有局部性、短期性特点，实施时间相对较短。

例如，某制造企业准备将一些非核心业务剥离出来，外包给专业公司完成，首批选定了刀具管理和化学品管理这两项业务。"将哪些业务外包"就是一项战略决策，涉及公司未来较长时间内的竞争优势、发展方向、组织架构、管理模式等，需要进行基于宏观层面的分析论证，若决策失误则影响巨大。在选定具体的外包业务后，关于"如何外包"的问题，即选择外包给哪家供应商、合同期、监督模式、价格、结算方式等，则属于战术决策，解决的是具体操作层面的问题，一旦决策失误，造成的影响相对较小。

1.3.4　根据决策的重复程度分类

（1）程序化决策

又称为常规型决策，指决策的问题是经常出现的问题。这类决策问题目标明确，处理规则清楚，可以将决策过程标准化、程序化，形成惯例、模式。例如，化妆品店如何处理试用品、员工迟到是否扣奖金，就属于程序化决策。在社会生活稳定的状态下，大部分决策属于程序化决策。

（2）非程序化决策

又称为非常规型决策，指决策的问题不是经常出现的问题，通常没有固定的模式和成熟的经验。对于这类问题的决策，经验不足，没有先例可循，也缺乏准确可靠的统计数据和资料作支撑，在很大程度上依赖于决策者的知识、经验、判断力，甚至个人魄力和勇气。例如，大学毕业生决定是否创业、企业是否开辟全新的销售市场，就属于非程序化决策。

1.3.5　根据决策方式分类

（1）定性决策

也称为"软方法"，是指决策目标与决策方案不能用数量表示，运用经验、逻辑思维等方式对问题进行描述性说明，试图用因果、并行关系去描述被研究要素间的规律和特征，最终为决策者服务。如组织机构的设置与调整属于定性决策。

定性决策方法便于把握事物的整体和主要部分，尤其是当决策问题十分复杂，或不能量化求解时，这种优势更为明显。定性决策方法的不足在于缺少对决策问题进行数量化的测度，因此不够精确，具有一定的模糊性，容易带来偏差而不为决策者所觉察。同时，定性决策要求决策者具有充分的历史经验和敏锐的直觉观察，普通决策者难以达到要求。

（2）定量决策

决策目标与决策方案等可以用数量描述与分析。定量决策分析法是综合运用数学和运筹学的决策分析方法，其关键在于把同决策相关的指标之间、指标和决策目标之间的关系用数学关系式表现出来，建立数学模型，然后通过计算求得结果。如计划年产量、成本预算等。目前，定量决策已经形成了许多成熟的模型方法，如线性规划、动态规划、网络计划技术、多属性决策、模糊决策等。

定量决策方法的优点是可以通过建立数学模型，运用数量化的分析研究，得出精确的结论，更便于人们了解决策问题的最优化方案，观察到决策问题的灵敏变化，更准确地掌握决策问题的变化规律和变化趋势。

定量决策方法的不足主要包括：

①不是所有的决策问题都适用于定量化方法，如一些简单的决策问题（早餐吃什么、几点睡觉等）、一些不易量化的决策问题（选择嗓音好的学生参加合唱团、选择对人体有好处的运动方式）。

②一些复杂决策问题的建模、求解可能费时、费力，甚至最后无解。

③求解过程中可能追求某一方面或某一环节的最优化，忽视了决策问题整体的优化，降低决策的正确程度。

④决策问题的求解需要专业建模人员、计算机软硬件等方面的投入，甚至需要较多的投入。

（3）定性和定量相结合的决策方法

也称为半量化方法，是指在决策过程中，综合运用定性决策和定量决策两种方法，对决策问题进行求解。定性决策和定量决策相结合，要求人们在选择决策方案时，有时不能单纯地寻求经济性"最优"的方案，而要兼顾定量、定性等多方面的要求，选择令人"满意"的方案。也就是说，在某些情况下，应该以"满意"准则代替"最优"准则。

1.3.6　根据决策的状态分类

（1）静态决策

所解决的是某个时点或某段时期的决策，要求的行动方案只有一个。例如，某种产品的计划年产量。

（2）动态决策

即序贯决策，是指一系列在时间上有先后顺序的决策，这些决策相互关联，前一项决策直接影响后一项决策。如企业的五年计划，一般会细分到每一年的具体目标，后一年根据前一年的情况做出调整，直到总目标实现。

1.3.7　根据决策的目标数量分类

（1）单目标决策

决策目标只有一个的决策。这种决策目标单一，制定和实施较为容易，但多数具有片面性。如个人一味地追求高收入，忽略了其他价值的实现。

（2）多目标决策

决策目标有多个的决策。一般来讲，这些目标之间具有相互联系、相互制约的关系。如消费者希望购买的商品"物美"又"价廉"。

此外，决策按决策对象的类别可以分为政治决策、经济决策、军事决策等。

1.4　决策的过程

1.4.1　决策过程的四个阶段

决策学家赫伯特·亚历山大·西蒙（Herbert Alexander Simon）在其著名的决策过程模型论著中指出，决策过程属于一个连续的统一体，这个连续区间的范围从高度的结构化到高度的非结构化。这个过程被分为以下四个阶段，即情报阶段、设计阶段、选择阶段和实现阶段。

（1）情报阶段（Intelligence）

情报阶段用于寻求要求决策的条件。该阶段需要面对现实，即对决策者所处环境进行分析、考察，找出要求做出决策的情况，即对问题进行确认和定义。这时，决策者需要获取、处理、检查数据，以便确认存在的问题或发现机会，具体包括发现问题、问题分类、问题分解和问题归属。这个阶段也被称为信息（Information）阶段。

（2）设计阶段（Design）

设计阶段用于创立、发展和分析可能的行动方案。该阶段涉及建立、开发和分析各种可能的行动方案，其中包括理解问题、产生方案、测试方案的可行性等活动。在这个阶段，问题模型也要被建立、测试和验证。建模涉及问题的概念化处理和将其抽象为数学模型或符号形式。对于数学模型，要说明各种独立的、非独立的变量，建立描述各变量之间关系的方程，必要时还要通过一系列假设进行简化。

（3）选择阶段（Choice）

选择阶段用于从可行方案中选择一个令决策者满意的行动方案。对于不同的选择原则，可能有不同的选择结果。一般来说，有两种选择原则：规范性原则和描述性原则。规范性原则是力图在允许条件内选择一个最优的或局部最优的方案，而描述性原则强调能否得到一个足够好的或者说满意的方案。

（4）实现阶段（Implementation）

因为实现过程是一个漫长的复杂过程，边界也不十分明确，因此实现阶段的定义比较复杂。简单地说，实现阶段可以定义为"使一个推荐方案付诸实施"。在实施过程中，总要不同程度地引入一些变革，因而也会出现很多一般性的问题，如反对变革、支持高层管理部门的程度、用户培训等。

1.4.2 管理科学的决策程序

决策应遵照一定的步骤进行，大体可分为明确问题、确定目标、提出方案、评价方案、选择方案、实施方案和反馈修正等步骤。

（1）明确问题

理性的决策过程开始于对问题的分析和判断，明确问题优先于解决问题。所谓明确问题，就是确定问题所限定的范围和问题的核心所在。

明确问题要从我们遇到的困难的、不确定的问题中，经过调查研究、分析、归纳和创造性思维，找到其中的主要、次要矛盾，厘清导致问题的原因，把握问题的实质，使问题的症结清晰化、具体化。客观存在的问题只有当人们能够清楚地表达出来时，才构成决策问题。

（2）确定目标

这一步骤需要考虑到希望决策达到什么效果或者应该朝什么样的目标前进。目标的设定通常是为了消除现实的与希望达到的状态之间的差距。经过分析后得出的目标必须达到以下要求：

①目标完成要可考核。对于目标是否完成，要有具体的、数量化的衡量标准。

②目标要含义明确、清晰，不能是模糊的、多义的或歧义的。

③目标要可实现，即在各种约束条件下是合理的、能够达到的。

④目标要可落实。目标可以是由总目标（或大目标、上级目标）到具体目标（小目标、下级目标）所构成的一个层次复杂的体系，通过实现具体目标来实现总目标。

（3）提出方案

提出方案是在明确问题的基础上，根据决策目标的要求和所掌握的信息，提出各种设想，然后分类、筛选、集中、整理形成不同的方案。提出的方案应具有实践性和可操作性，并且尽量用简单的方法解决复杂问题。要提出有创意的、新颖的方案往往是不容易的，这需要决策者对问题进行全面的思考，具有广博的知识、敏锐的洞察力和创新的精神，并掌握一定的决策方法和技术。

这一过程就是要尽可能多地找出能够解决问题的各种方案。这些方案可能是互补的，也有可能是互斥的，一般而言都会有各自的优缺点。有了足够多的不同方案，才有可能从中选择出理想的方案。

（4）评价方案

在拟定出备选方案后，下一步就是根据决策目标来评价各种方案的可行性，推测其预期效果，衡量它们对决策目标的满足程度，审视其可能产生的不良后果和潜在问题，研究各方案实施后会出现什么差错。

（5）选择方案

选择方案是在多个备选方案中选择最优的方案加以实施。多方案的选择常常是一个复杂的系统工程，涉及许多因素。这些因素往往不仅包括经济因素，还包括方案本身以及方案内外部的其他相关因素。可以采用适当的评价方法对这些因素进行评价，评价时还要确定科学合理的指标体系。

（6）实施方案

实施方案时要对目标要求、实施步骤、组织领导、经费保障和监督检查等各个环节都做出具体明确的安排和落实。对于复杂的实施方案，有必要采用网络计划技术等项目管理技术来控制方案的实施进度，确保方案能在规定的时间内，利用有限的资源保质保量地实施完成。

（7）反馈修正

在方案实施后，要注意跟踪检查，密切注意决策实施情况和出现的问题，把每个环节的实际效果同预期目标进行比较，一旦发现差异，要及时反馈，查明原因，采取必要措施，进行有效控制和适当调整修正，保证决策目标的实现。

思考题

1. 决策的含义是什么？
2. 决策的特性有哪些？
3. 简述决策的分类。
4. 简述决策的主要过程。
5. 按照决策条件的可靠程度，决策又可以分为哪些类型？各举出一个例子。

第 2 章
多属性决策分析的基本概念

本章知识点

1. 多属性决策、多目标决策的概念

2. 多属性决策相关概念、分类

3. 属性的分类

4. 属性规范化

5. 属性权重的确定方法

2.1　多属性决策与多目标决策问题分类

2.1.1　多准则决策问题

决策作为人们日常生活和工作中普遍存在的一种基本活动，既是人们为达到某种目的或目标而在众多的可行方案中进行选择的过程，也是一种认识现状、预测未来、指导行动的动态过程。通常的决策是指多准则决策（Multiple Criteria Decision Making，MCDM），其不仅是解决现实社会中众多错综复杂问题的有效分析方法，而且是当今系统工程、运筹学、区域规划等许多学科领域的热门研究内容。

经典的多准则决策可以划分为两个重要的领域，即多目标决策（Multiple Objective Decision Making，MODM）和多属性决策（Multiple Attribute Decision Making，MADM）。如果决策的任务是设计最好的对象或方案，那么这种决策就是多目标决策，它的决策空间是连续的；如果决策的任务是在之前已知的对象方案集中选出最好的或进行排序，那么这种决策就是多属性决策，它的决策空间是离散的。前者是研究未知方案的规划设计问题，后者是研究已知方案的评价选择问题。

2.1.2　多属性决策的概念

多属性决策（MADM），也称为有限方案的多目标决策，主要研究决策者基于多个属性对有限方案的评价和排序问题，即利用已有的决策数据和信息，通过一定的方法分析并综合评价一组备选方案并对其优劣进行排序从而择优。这一类决策问题中的决策变量是离散型的，备选方案数量也是有限的。因此想要求解这一类问题，其核心是对各个备选方案进行评价，并综合排定各个备选方案的优劣次序，再从中择优选取。一般而言，各个备选方案都具有多个属性，不同的属性往往单位也会不同，各个属性之间还有可能存在冲突。因此，在多属性决策中，最终满意方案的产生也与最后决策的属性满足程度有关。

多属性决策的问题可以表述如下：给定一组可能的备选方案 $X=\{x_1, x_2, \cdots, x_m\}$。对于每一个方案 x_i，都需要从若干个属性 $C=\{c_1, c_2, \cdots, c_n\}$ 对其进行综合评价，如表2-1所示。决策的目的是从这一组备选方案中，找到一个让决策者最满意的方案，或者对这一组方案进行综合的评价排序，且排序的结果能够反映决策者的偏好。

表2-1 多属性决策结构

备选方案		评价对象集				
		X_1	$\cdots$	X_i	$\cdots$	X_m
评价指标集	C_1	X_{11}	$\cdots$	X_{i1}	$\cdots$	X_{m1}
	$\cdots$	$\cdots$	$\cdots$	$\cdots$	$\cdots$	$\cdots$
	C_j	X_{1j}	$\cdots$	X_{ij}	$\cdots$	X_{mj}
	$\cdots$	$\cdots$	$\cdots$	$\cdots$	$\cdots$	$\cdots$
	C_n	X_{1n}	$\cdots$	X_{in}	$\cdots$	X_{mn}

MADM问题在现实生活中屡见不鲜。对于企业（组织）决策，如供应商选择问题；对于个人决策，如人们在选购羊毛衫时，会考虑羊毛衫的式样、尺寸、颜色、质量和价格等因素，即决策者需权衡式样的时尚程度、尺寸的合适程度、颜色的喜欢程度、质量的优良程度和价格的可接受程度等。

2.1.3 多目标决策的概念

现实生活中，单目标的情况较少，多数情况下是多个目标同时存在，因此要同时考虑多个目标才能够更真实地反映现实世界。与单目标决策不同，多目标决策（MODM）是指需要同时考虑两个或者两个以上目标的决策。在这一类决策问题中，决策变量是连续性的，也就是说，多目标决策问题的备选方案往往有无限多个。在实际生产经营活动中，要最终决策一个问题，往往需要从多个目标的角度进行考虑，最终选择的方案一定要使多个目标都得到均衡和协调，总体达到最佳状态，该方案才可被认为是最优的决策。

2.1.4 两种决策的区别

针对上述讨论，我们将多属性决策问题和多目标决策问题进行比较，分析这两个决策问题的主要特点和相互区别。为了更加直观地表示，我们用表格的形式对两个决策问题的区别做一个简单的归纳总结，如表2-2所示。

表2-2　多属性决策问题与多目标决策问题的区别

特点	多属性决策问题	多目标决策问题
准则形式	属性	目标
决策变量	离散型	连续型 $x=\{x_1, x_2, \cdots, x_n\}$
方案类型	$X=\{x_1, x_2, \cdots, x_m\}$	$X=\{x\|g_i \leqslant 0, i=1, 2, \cdots, m, x \in R^N\}$
属性集	$F=\{f_1, f_2, \cdots, f_n\}$	用目标函数 $f_j(x)$, $j=1, 2, \cdots, n$ 表示
决策目标	只包括分析评价，根据属性矩阵进行分析评价的主要目的是对方案排序	包括系统建模，由模型生成方案，分析评价的主要目的是求解多目标规划问题，要从非劣解集中获取偏好解

2.1.5　多属性决策的一般过程

多属性决策是一个包含大量的认知、反应和判断的过程，其间的每一步都会影响决策结果的质量。因此，决策者需要遵循一定的程序，可以将其分为四个阶段。因多属性决策问题主要涉及三方面的内容，所以我们可以从三方面来讨论多属性决策：决策矩阵的规范化、属性权重的确定和方案的综合排序。图2-1是多属性决策的分析过程。

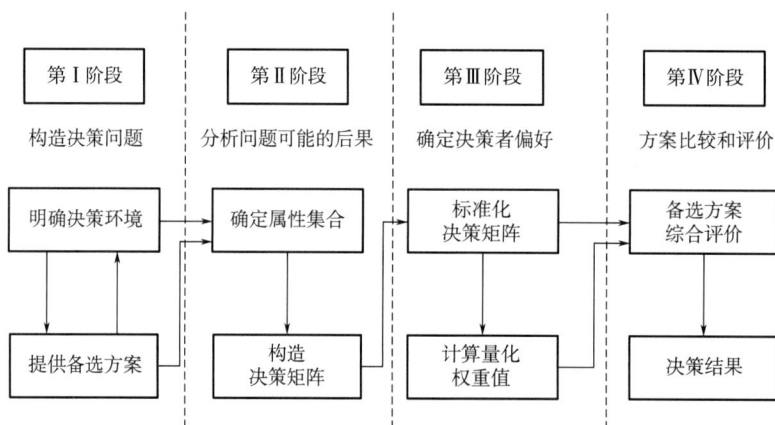

图2-1　多属性决策的一般过程

首先，决策者要构造出有待解决的决策问题。这一阶段需要确定决策问题所面临的外部环境，在充分考虑决策问题的准则与目标后，提出相应的备选方案。这一阶段对整个决策的质量有着至关重要的影响。

其次，通过对决策可能后果的分析，可以确定属性集合以及备选方案在每个属性上可能出现的状态，从而构造出决策矩阵。这一阶段既与备选方案的特性有关，又受到决策的外部环境的影响。

再次，根据决策矩阵包含的信息以及决策者的偏好，计算各属性量化的权重值。这一阶段需要将决策矩阵中各属性的不同量纲和数量级进行标准化处理，并明确决策者对属性间的偏好关系。

最后，在上述分析的基础上，通过特定的决策方法对备选方案进行整体评价，再由决策者选择满意的方案。

2.1.6 多属性决策的标准

决策的目的都是追求决策的合理性，这就要确定决策的合理性标准，常见的决策标准有三种，见表2–3。

（1）效用最大化

这类决策标准起源于西方经济学中史密斯（Smith）的观点，并将对完全竞争性市场的研究作为理论背景。效用最大化理论认为：决策者在决策过程中使用的合理性标准是个人效用的最大化，而对实际上如何达到的问题不作考虑，因为决策者利益不同而产生的效用多样化最终由市场合理性予以统一。由此可见，这一标准反映了完全竞争市场经济下的个体行为。由这种决策标准出发导出的多属性决策的典型方法有效用函数法、加权求和法等。

（2）满意行为法

这种决策标准的思想最初是由西蒙（Simon）提出的，适用于不完全竞争市场经济背景。西蒙认为效用最大化理论是一种理想化的理论，因为这种理论试图确定实现系统最优的决策，而获得这种最优决策的前提是对现实问题的简化。因为在现实世界中很少有最优决策，决策者宁肯放弃想象的简化情景中的最优决策，而选取与复杂世界更接近的令人满意的决策，使做出的决策具有现实的合理性。由这种决策标准导出的决策方法被大量应用于多属性决策中，最典型的是满意行为法。

（3）准则程序化

这一决策标准是以不完全的市场机制为背景的，适用于工程项目的决策问题。这种决策合理性标准假设：决策者有两种以上的分层次的递阶准则体系，其中第一级准则具有更高的优先级，必须予以实现，以下准则可以追求满意解。从形式上看，这种决策标准与效用最大化的标准并无本质不同。在事实上，这种标准与"满意"标准更为接近。这种分层进行的决策标准被广泛应用于多属性决策的综合方法中。

表2-3　多属性决策的标准

决策标准	特征	背景	适用范围
效用最大化	追求个人效用最大化、简化现实决策问题	完全竞争市场经济下的个体行为	个人决策
满意行为法	在接近复杂现实中追求满意决策	不完全竞争市场经济下的公司行为	多属性决策、群组决策
准则程序化	顶层准则必须满足，其余准则追求满意解	不完全市场机制下的组织行为	多准则决策、群组决策

2.2　多属性决策相关概念

2.2.1　决策问题

在生活和生产（或其他活动）中，任何一个问题都会面临几种自然情况，因此，这样有几种方案可供选择的问题就构成了一个决策问题（Decision Problem）。决策分析的基本思想就是把一个决策问题分解，以使决策者可以分别对关键问题集中精力进行研究，通过确定准则、建立模型、模型优化，最终找到最佳的方案。值得注意的是，决策不仅需要对各行动方案做定量分析，还与决策者的主观条件如经济地位、价值观、知识水平、心理素质及对风险的态度等密切相关。

2.2.2　备选方案

决策过程中要进行决策方案的设计，这些方案是决策过程的输入，称为备选方案（Alternatives），简称为方案，是决策的客体，通常用A_i表示第i个备选方案。方案的优劣直接关系到决策的结果是否能取得最优或满意的效果。

2.2.3　决策者

决策者（Decision Maker，DM）是指在考虑的决策问题中有权利、有责任做出最终选择的个人或群体。由此可见，决策者的偏好对决策结果的好与坏及决策的正确与否具有决定性的重要作用，而这些也增加了决策过程的不确定性。在产品或过程的设计中，设计人员可以看作决策者，他们要对备选方案进行评价、选择。

2.2.4 决策矩阵

决策矩阵（Decision Matrix）是求解 MADM 问题的依据，是属性值和决策准则者两个要素的基础。设 $A_i(i=1, 2, \cdots, m)$ 表示第 i 个方案，$C_j(j=1, 2, \cdots, n)$ 表示第 j 个准则，则多准则决策问题可用下面的矩阵 M 表示：

$$M = \begin{array}{c} \\ A_1 \\ A_2 \\ \vdots \\ A_m \end{array} \begin{array}{cccc} C_1 & C_2 & \cdots & C_n \end{array} \\ \begin{pmatrix} x_{11} & x_{12} & \cdots & x_{1n} \\ x_{21} & x_{22} & \cdots & x_{2n} \\ \vdots & \vdots & \ddots & \vdots \\ x_{m1} & x_{m2} & \cdots & x_{mn} \end{pmatrix}$$

决策矩阵 M 中的元素 x_{ij} 表示第 i 个方案在第 j 个准则下的属性值。各方案的属性值可构成决策矩阵，或称为属性矩阵、属性值表。该决策矩阵提供了分析决策问题所需的基本信息，以后的各种数据预处理和求解方法都把它作为分析的基础。在求解多属性决策问题时，往往要对决策矩阵进行规范化处理。

2.2.5 偏好

偏好（Preference），作为微观经济学价值理论的一个重要概念，同时也是微观经济学最基本的假设。在微观经济学中，偏好指基于潜藏在人们内心的一种情感和倾向，是消费者对商品的喜爱程度。每个消费者都有自己特定的偏好，其对商品的偏好常常根据商品的某项客观指标或者基于心理感受做出主观判断，并最终根据商品所带来的满足程度对其进行方案排序，进而选择最适合自己偏好态度的商品。

对于同一个问题，不同的人会有不同的看法。在决策过程中，对于目标间的重要性，不同决策者的看法会有差异，这种差异就是"偏好"，它体现出决策者关于"最优"的判断。"偏好"的存在依据除了"非理性"之外，还有其他因素，如决策者的知识、经验、决策的实际条件、实际问题的技术要求等，当然这些因素不一定会同时存在。多属性决策中有四种偏好信息。

严格偏好（Strict Preference）：aPb 表示 a 严格优于 b；

弱偏好（Weak Preference）：aQb 表示 a 弱优于 b；

无差异（Indifference）：aIb 表示 a 等价于 b；

不可比（Incomparable）：aRb 表示 a 与 b 不可比。

2.2.6 权重

权重（Weight），表示各个属性之间相对重要的信息，通常由决策者、有经验的专家直接给出或通过层次分析法等计算得到。

2.2.7 决策变量

决策变量（Decision Variable）表示备选方案的变量，就是决策矩阵中的元素 x_{ij}。根据决策变量是连续的还是离散的，可将决策问题分为离散的决策问题与连续的决策问题。

2.3 属性及其分类

在实际应用中，多属性决策问题大都表现为综合评价问题，为进行全面、科学地评价，首先需要建立合适的评价指标体系，这一工作相当于确定多属性决策问题的属性集。属性（Attribute）是指方案固有的性能参数、特性、性质等。通常，多准则决策问题的属性有多个而不是一个，全部属性的水平就代表了备选方案本身。一般用 X_j 表示第 j 个属性。

在决策方案确定的情况下，属性集的确定会影响到决策的结果。另外，属性集的规模及具体属性的差别还会牵扯到决策过程的复杂性。因此，科学、合理地确定属性集在多属性决策过程中至关重要。

在实际应用中，并非属性越多越好，关键在于属性在决策中所起作用的大小。属性集应能全面反映各决策方案的主要方面，它的结构取决于决策目的、决策方案的一般性质及手头拥有的有关基础资料（如统计资料）等。属性越全面，决策结果就越客观、越合理，但属性太多会增加决策过程的难度。所以，确定属性集的一般原则应该是以尽量少的主要属性用于决策，即在基本能满足决策要求和给出决策需要的信息的前提下，尽量减少属性个数。

除遵循一般原则外，确定属性集还应注意如下原则：

第一，尽量使用容易定量计算的属性，即属性值容易准确确定的属性，这样既可以减少求解多属性决策问题的复杂性，又可以提高决策的科学性，降低主观随意性。

第二，如果各决策方案在某属性下的取值完全相同或相差甚微，则该属性对决策分析没有什么作用或作用很小，即用该属性来区分决策方案几乎是无效的，因此为减少决策的工作量，应该把该属性从属性集中删除。

第三，属性集内的各属性应尽可能地独立，即尽量减少属性间的线性相关性，这样在确定属性权重时，可以得到较切合实际的权重。

属性一般可作如下分类：

按属性值是否是数值，分为定量属性和定性属性。如投资额、建设周期、产量等属于定量属性，属性值可以用精确实数、区间数、模糊数定量表示；有些属性不容易得到定量值，决策者往往只能对这些属性给出定性的估计、判断或描述，如质量、安全性、可靠性、灵活性等，这种不能定量表述的属性称为定性属性。

按人们对属性值的期望特点，可分为效益型、成本型、固定型、区间型、偏离型和偏离区间型六类。

效益型属性是指属性值越大越好的属性，如产量、利润等；成本型属性是指属性值越小越好的属性，如费用、成本等；固定型属性是指属性值接近某个固定值越好的属性，如家用电器稳压器的稳压性能、财务评价中的资产负债率指标；区间型属性是指属性值越接近或属于某个固定区间越好的属性，如国家标准中规定的等级划分，财务评价中的流动比率指标；偏离型属性是指属性值越偏离某个属性值越好的属性；偏离区间型属性是指属性值越偏离某个固定区间越好的属性，当属性值落入该区间时有最差的评价。

如果所有属性值都是非负的，则偏离型属性是效益型属性的推广（取固定值为 0），固定型属性是成本型的推广（取固定值为 0），区间型属性是固定型属性（区间型中区间端点相同）的推广，偏离区间型属性是偏离型属性（区间端点相同，为固定值）的推广。

在实际问题中，效益型和成本型属性出现得最多，用得最少的属性是偏离型和偏离区间型。不同类型的属性以及属性的不同取值方式存在不同的规范化公式，各个方法都有自己的使用范围。六种属性的关系如图2-2所示。

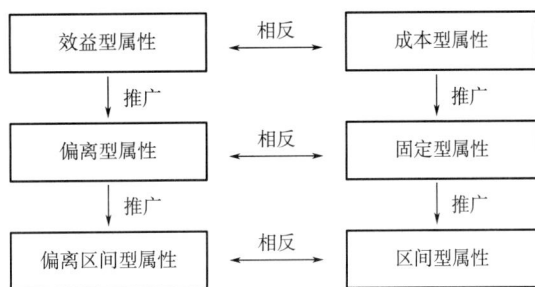

图2-2　六种属性的关系

2.4 方案属性值的无量纲化

2.4.1 定性属性的量化

常见的量化标度有基数型的量化标度和序数型的量化标度。基数标度是一种精确的描述方式，而序数标度是一种模糊的描述方式。一般来说，能够用基数标度描述的应尽量用基数标度描述。定性属性常用模糊语言，如购买衣服时"喜欢"或"不喜欢"。这些模糊语言除了包含序数标度上的意义外，还包含一种模糊的程度差异关系。因此，可以利用这种模糊程度差异关系将定性属性用基数程度来表示。定性比较量化如表2-4所示。

表2-4 定性比较量化表

标度法	1	2	3	4	5	6	7	8	9
9级标度法	非常差	很差	差	较差	一般	较好	好	很好	非常好
7级标度法	非常差	很差	差	—	一般	—	好	很好	非常好
5级标度法	非常差	—	差	—	一般	—	好	—	非常好

模糊属性值量化的常用方法是利用双极（Bipolar）标度，如图2-3所示。双极标度是具有十格的刻度，一般使用范围是1.0~9.0。双极标度既可用于效益型属性，也可用于成本型属性。无论哪一种属性，其偏好最大取9.0，偏好最小取1.0。极端值0和10.0通常不用，留给极特殊的情况使用。

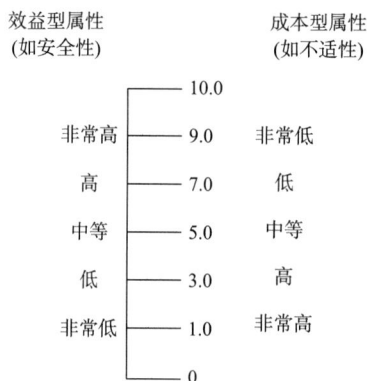

图2-3 双极标度模糊语言关系

2.4.2 不同量纲属性值的规范化

在指标体系中，各指标均有不同的量纲。指标有定量和定性两种类型，不同类型指标之间无法进行比较。将不同量纲的指标，通过适当的变化转化为无量纲的标准化指标，称为决策指标的标准化或规范化，又称为数据预处理。主要有以下三个目的：

第一，属性多种类型，属性越好的变换为属性值越大的。有些指标的属性值越大越好，如收入、收益、产量、税收、生产总值等，数值越大越好，称为效益型指标。有些指标的属性值越小越好，如成本、花费、消耗等，数值越小越好，称为成本型指标。

第二，属性值量纲不同，属性好的变换为属性值大的。多属性决策与评估的困难之一是目标属性间的不可公度性，即在属性值表中的每列数的单位（量纲）都不相同。即使为同一属性，若采用不同的单位计量，表中的数值也会不同。在用多属性决策方法进行分析评价时，需要排除量纲的选用对决策或评估结果的影响，这就是非量纲化，即设法消去（而不是简单删除）量纲，仅用数值的大小来反映属性值的优劣。

第三，属性值差别大，归一化指定区间。属性值表中不同属性的属性值差别很大。为了直观，更为了便于采用各种多属性决策方法进行评价，需要把属性值表中的数值进行归一化，即把表中数均变换成 0~1 的区间。

综上可知，数据预处理的本质是将各个指标的数值进行变换，以给出各个指标在决策者评价方案优劣时的实际价值。最基本的规范化方法包括线性变换、向量规范化、标准 0-1 变换、标准样本变换法、定性指标的量化处理。

（1）线性变换（同向性转换）

原始的决策矩阵为 $\boldsymbol{Y}=\{y_{ij}\}$，变换后的决策矩阵为 $\boldsymbol{R}=\{r_{ij}\}$，其中 $i=1, 2, \cdots, m$, $j=1, 2, \cdots, n$。设 $y_j^{\max}$ 是决策矩阵中第 j 列中的最大值，$y_j^{\min}$ 是决策矩阵中第 j 列中的最小值。

若 j 为效益型属性，则有：

$$r_{ij} = \frac{y_{ij}}{y_j^{\max}} \qquad (2-1)$$

采用上式进行数据预处理时，经过交换的最差属性值不一定为 0，最佳属性值为 1。

若 j 为成本型属性，一般不采用：

$$r_{ij} = 1 - \frac{y_{ij}}{y_j^{\max}} \qquad (2-2)$$

经过变换后的最佳属性值不一定为 1，最差为 0。

而是采用：

$$r_{ij} = \frac{y_j^{\min}}{y_j} \quad (2-3)$$

经过变换后，指标 j 均转化为效应型属性。变换后的最差属性值不一定是0，但是最佳属性值是1，且是非线性变换。

为了更加直观地了解数据预处理方法，我们以某一数据为例进行分析。表2-5为某一多属性决策问题的初始数据值，其中 y_1、y_2 为效益型属性，y_3 为成本型属性。

表2-5 原始数据属性值表

序号	y_1（效益型）	y_2（效益型）	y_3（成本型）
1	0.1	5000	4.7
2	0.2	4000	2.2
3	0.6	1260	3.0
4	0.3	3000	3.9
5	2.8	284	1.2

我们以 y_1 为例，可以发现该指标为效益型，最大值为2.8，根据式（2-1），对该列数据进行线性变换，计算过程如下：

$$r_{11} = \frac{0.1}{2.8} = 0.0357，\quad r_{21} = \frac{0.2}{2.8} = 0.0714，\quad r_{31} = \frac{0.6}{2.8} = 0.2143，$$

$$r_{41} = \frac{0.3}{2.8} = 0.1071，\quad r_{51} = \frac{2.8}{2.8} = 1.0000$$

接着，我们以 y_3 为例，该指标为成本型，最小值为1.2。首先，根据式（2-2），对该列数据进行变换，计算过程如下：

$$r_{13} = 1 - \frac{4.7}{4.7} = 0，\quad r_{23} = 1 - \frac{2.2}{4.7} = 0.5319，\quad r_{33} = 1 - \frac{3.0}{4.7} = 0.3617，$$

$$r_{43} = 1 - \frac{3.9}{4.7} = 0.1702，\quad r_{53} = 1 - \frac{1.2}{4.7} = 0.7447$$

经过预处理后，得到新的属性值如表2-6所示。显然，表2-6中的属性值符合前面所提到的三个要求，且均变成了效益型属性。y_3 列属性值经过变换后的最佳属性值不一定为1，最差属性值为0。

表2-6 经过线性变换后的数据属性值表（1）

序号	y_1（效益型）	y_2（效益型）	y_3（成本型）
1	0.0357	1.0000	0.0000
2	0.0714	0.8000	0.5319
3	0.2143	0.2520	0.3617
4	0.1071	0.6000	0.1702
5	1.0000	0.0568	0.7447

针对成本型属性，采用式（2-3）进行计算，计算过程如下：

$$r_{13} = \frac{1.2}{4.7} = 0.2553 \text{ , } r_{23} = \frac{1.2}{2.2} = 0.5455 \text{ , } r_{33} = \frac{1.2}{3.0} = 0.4 \text{ ,}$$

$$r_{43} = \frac{1.2}{3.9} = 0.3077 \text{ , } r_{53} = \frac{1.2}{1.2} = 1$$

经过预处理后，得到新的属性值如表2-7所示。显然，表2-7中 y_3 属性值变换后的最差属性值不一定是0，但是最佳属性值是1。

表2-7 经过线性变换后的数据属性值表（2）

序号	y_1（效益型）	y_2（效益型）	y_3（成本型）
1	0.0357	1.0000	0.2553
2	0.0714	0.8000	0.5455
3	0.2143	0.2520	0.4000
4	0.1071	0.6000	0.3077
5	1.0000	0.0568	1.0000

（2）向量规范化

无论成本型属性还是效益型属性，向量规范化都用下式进行变换，即：

$$r_{ij} = \frac{y_{ij}}{\sqrt{\sum_{i=1}^{m} y_{ij}^2}} \tag{2-4}$$

这种变换也是线性的，但是与其他变换不同，由于各个属性不是等长标度，这样的变换会导致最大的属性值和最小的属性值不在同一刻度上。它的最大特点是规范化后，各方案的同一属性值的平方和为1。

以表2-5中y_3为例，运用式（2-4）进行计算，计算结果如下：

$$r_{13} = \frac{4.7}{\sqrt{4.7^2 + 2.2^2 + 3.0^2 + 3.9^2 + 1.2^2}} = 0.6482$$

经过规范化转换后的属性值如表2-8所示。从表2-8中的数据值中，可以看到，这三个属性的平方和均等于1。

表2-8　经过规范化转换后的属性值表

序号	y_1（效益型）	y_2（效益型）	y_3（成本型）
1	0.0346	0.6956	0.6482
2	0.0693	0.5565	0.3034
3	0.2078	0.1753	0.4137
4	0.1039	0.4174	0.5378
5	0.9695	0.0398	0.1655

（3）标准0-1变换

属性值进行线性变换后，若属性j的最优值为1，则最差值一般不为0；若最差值为0，则最优值往往不为1。为了使每个属性变换后的最优值为1且最差值为0，可以进行标准0-1变换（又称标准化变换），且这种变换是线性的。

若j为效益型属性，令：

$$r_{ij} = \frac{y_{ij} - y_j^{\min}}{y_j^{\max} - y_j^{\min}} \tag{2-5}$$

若j为成本型属性，令：

$$r_{ij} = \frac{y_j^{\max} - y_{ij}}{y_j^{\max} - y_j^{\min}} \tag{2-6}$$

针对表2-5进行标准0-1变换，以y_1和y_3为例进行计算，结果如下：

$$y_1^{\max} = 2.8 , \quad y_1^{\min} = 0.1 , \quad y_3^{\max} = 4.7 , \quad y_3^{\min} = 1.2$$

$$r_{31} = \frac{y_{ij} - y_j^{\min}}{y_j^{\max} - y_j^{\min}} = \frac{0.6 - 0.1}{2.8 - 0.1} = 0.1852$$

$$r_{33} = \frac{y_j^{\max} - y_{ij}}{y_j^{\max} - y_j^{\min}} = \frac{4.7 - 3.0}{4.7 - 1.2} = 0.4857$$

同样，我们仍以表2-5的原始数据为例进行0-1转换，变化之后的数据如表2-9所示。可以发现，在经过标准化变换后，各个指标的最佳值为1，最差值为0。因此，通过0-1转换，不仅可以令各个指标的属性保持一致，且这种变换是线性的。

表2-9 经过0-1转换后的属性值表

序号	y_1（效益型）	y_2（效益型）	y_3（成本型）
1	0.0000	1.0000	0.0000
2	0.0370	0.7880	0.7142
3	0.1852	0.2070	0.4857
4	0.0741	0.5759	0.2286
5	1.0000	0.0000	1.0000

（4）标准样本变换法

设决策矩阵 $Y=(y_{ij})_{m \times n}$ 中，令：

$$r_{ij} = \frac{y_{ij} - \overline{y}_j}{s_j} \tag{2-7}$$

其中，样本均值 $\overline{y}_j = \frac{1}{m}$，样本均方差 $s_j = \sqrt{\frac{1}{m-1} \sum_{i=1}^{m} \left(y_{ij} - \overline{y}_j\right)^2}$，矩阵 $R=(r_{ij})_{m \times n}$ 称为标准样本变换矩阵，经变化之后，标准化矩阵每列的均值为0，方差为1。

2.5 属性权重确定方法研究

多属性决策问题的特点，也是求解的难点，在于目标属性间的矛盾性和各目标属性值的不可公度性。其中，不可公度性可通过决策矩阵的规范化解决。解决各目标属性之间的矛盾性则需要引入权（Weight）这一概念。权是目标属性重要性的度量。权这一概念表明：①决策人对目标属性的重视程度；②各目标属性值的差异程度；③各目标属性值的可靠程度。权应当综合反映这三种因素的作用，而且通过权，可以将多属性决策问题转化为单属性问题求解。对于如何求权重或者通过什么途径、手段来求权重是倍受关注的。

多属性决策分析方法通常通过加权来综合单属性的优劣表现。权重对多属性决策结果具有至关重要的作用。常用的赋权方法有很多，有的脱离属性值来确定，有的赋权法与属性值密切相关，也有的方法并非以常规的赋权方式表达属性的相对重要性，而是以否决临界值反映属性的相对重要性。现有的指标权重信息确定方法可以分为三大类：主观赋权法、客观赋权法、主客观集成赋权法。

2.5.1 主观赋权法

主观赋权法简单易行，反映了决策者的意向，可充分应用专家经验体现用户需求，是人们研究较早、较为成熟的方法，它是根据决策者或专家主观上对各属性的重视程度来确定属性权重的，其原始数据是由专家根据经验主观判断得到的。对某一决策者来说，由于受工作环境、思想观点的影响，以及对某个行业了解不够等原因，往往会得出带有一定偏见的结论。通过集体讨论分析，能够做到互补长短，集思广益，最终把对问题的认识统一到客观、公正的立场上，准确地评定出权重。

集体评定权重有两种方式，一种是集中评定，另一种是分散评定。集中评定就是将有关评价人员邀集在一起，共同分析讨论，评定各指标权重。集中评定，时间短、效率高，当有条件将有关评价人员集中在一起时，可以采用这种形式。分散评定就是由分散在各地的评价人员独自评定，然后进行集中、调整，确定各指标的权重。整个评定过程是一个评定—集中—反馈—调整—统一的过程。分散评定能从根本上克服集中评定中代表不充分、容易出现随大流的缺陷，权重评定比较准确，但所花的时间较长。

主观赋权的方法很多，常用的有直接赋值法、间接赋值法、专家评判法（德尔菲法或Delphi法）、模糊协调决策法、层次分析法（AHP）、模糊聚类分析法、特征根法、特征向量法、最小平方和法（最小二乘法）、两两比较法、环比评分法等。这里主要介绍以下八种方法。

（1）直接赋值法（Direct-Ratio）

直接赋值法在主观赋权方法中是比较简单的，而且在实践中应用也相对比较广泛。其基本思路如下：

①决策者给最不重要的属性 c_j^- 赋值为 $w_j^-=1$；

②决策者判断其他属 c_j 与 c_j^- 的相对重要性，依次赋值；

③对属性相对重要性归一化处理。

直接赋值法的主观依赖性比较大，英国学者认为，权重应该是由方案的属性值来决定的，不是仅仅凭主观判断给定权重，而不去考虑属性值，对于这种方法的可靠性，很多专家都认为其有很大的问题，质疑其可靠性。

（2）间接赋值法（Trade-Off）

对于间接赋值法的含义应理解为权衡，它的基础在于不是凭借主观经验来判断确定权重，而是以一定的理论知识为基础。假设决策问题中有 m 个方案和 n 个属性，在决策矩阵信息的基础上，决策者拟定一个方案（f，g），这个方案与原方案的效用是等价的，且这对方案仅仅在某两个属性（i，j）上有不同的表现，而在其他 $n-2$ 属性上的表现是完全相同的。

$$f=(f_1, \cdots, f_{i-1}, f_i, f_{i+1}, \cdots, f_{j-1}, f_j, f_{j+1}, \cdots, f_n)$$
$$且 g=(g_1, \cdots, g_{i-1}, g_i, g_{i+1}, \cdots, g_{j-1}, g_j, g_{j+1}, \cdots, g_n)$$

基于效用可加性理论，方案（f，g）的效用等价，即 $v(f)=v(g)$ 可简化为 $w_iv_i(f_i)+w_jv_j(f_j)=w_iv_i(g_i)+w_jv_j(g_j)$。如果决策者有 $n-1$ 对效用等价方案，则可以根据 $\sum_{j=1}^{n} w_j=1$，确定属性权重 w_1，w_2，$\cdots$，w_{n-1}，w_n，并进而确定各个方案的效用（或价值）。

$$v(方案 l)=w_1v_1(x_{l1})+w_nv_n(x_{ln})$$
$$v(方案 m)=w_1v_1(x_{m1})+w_jv_j(x_{mn})$$

所以如果方案较少，那么会导致决策不一致，为了解决这一问题，要求决策者尽可能多地提出等价方案，而这些等价方案的数目最好是多于 $n-1$ 个，但等价方案数目越多，数据也会相应增多，这时就会带来冗余现象。同时，这些等价方案需要决策者事先拟定，这一点在实际应用中的难度也是相当大的。

（3）间接赋值法（SWING法）

通常的赋权法假设权重独立于属性值，而实质上，权重和指标表现的价值标度是密切相关的。SWING法强调，只有在属性表现的标度范围（最好表现值－最差表现值）确定以后，才可确定权重，因为权重受属性值标度范围的影响。

SWING的基本思路是权衡。SWING的本意是从最不重要的指标"游"到最重要的属性。SWING指导决策者找出能为整个决策系统提供最大价值（或效用）的属性，并给予最高权重。通常，SWING中的标度范围用0～100，最重要的属性被赋值为100。以此方法对指标的相对重要性进行排序，然后进一步对权重进行赋值。

①假设从最初的方案开始考虑，$a^-=(x_1^-, x_2^-, \cdots, x_n^-)$，其效用（价值）设为0。

②要求决策者选择一个属性，将该属性值提高到最大，构建方案 $b^j=(x_1^-, \cdots, x_{j-1}^-, x_j^-, x_{j+1}^-, \cdots, x_n^-)$，$j\in\{1, 2, \cdots, n\}$，$b^j$ 与 a^- 的差别仅在于属性 j 上的表现 x_j^+。

③对 b^j 进行评价，即 b^j 与 a^- 的价值（效用）的差值为 t_j。这样可以确定 n 个 t_j。

④将 t_j 归一化处理，确定权重 $w_j = \dfrac{t_j}{\displaystyle\sum_{j=1}^{n} t_j}$。

SWING确定权重时，考虑其目的是确定各个属性对综合决策的相对重要性或贡献度。关键在于确定某个属性上表现为100分可以换取另一个指标的多少分。从SWING法可以得出如下结论：权重的确定与属性值是相关的，属性值标度范围的变化会直接影响权重。从这一观点出发，脱离属性值来确定权重是不合理的。

（4）两两比较法

采用多对分值，按照两两比较得分和一定的原则，将某项指标同其他各项指标逐个比较、评分，然后对每一指标的得分求和，评分之和即该项指标的权重评分，最后经归一化处理后就是权重值。评分时可采用0-1评分法等。

（5）环比评分法

用两两比较法确定权重有两个不足之处：一是当指标很多时，比较工作量较大；二是在评分时如果评分标准过粗，则结果不够准确，如果评分标准过细，又容易出现判断不一致的现象。环比评分法克服了这些缺点，它通常分三步进行：

首先，排序。为便于分析，一般在评分前要进行粗略评估，使各指标大致按重要程度上高下低的顺序进行排列，如表2-10所示。

其次，评定环比值。环比值表示某项指标的重要度是其后项指标的倍数，环比值评定到倒数第二项指标为止。

最后，计算各指标的权重评分。以最后一项指标为基准，任意给定一个数值作为其权重评分，再以此为基数从下至上累计倍乘环比值，则相应得到各指标的权重评分。对其进行归一化处理得到权重值，如表2-10所示。

表2-10　环比评分确定权重方法

指标	环比值	权重评分	权重
E_1	4	40.00	0.606
E_2	1	10.00	0.152
E_3	2	10.00	0.152
E_4	5	5.00	0.076
E_5	1（基准）	1.00	0.015

（6）专家评判法（德尔菲法）

这种方法在确定权重时，首先将确定的综合评价指标体系，以信件的形式向专家描述，请专家判断各指标的相对重要性，根据各评价指标权重值范围的规定做出意见。专家意见返回后，调查人员将数据统计处理，检查集中专家意见，以决定是否开启下一轮调查。

①专家意见统一、集中的程度。令指标集为 $C=\{c_1,\ c_2,\ \cdots,\ c_n\}$，$k$ 个专家分别单独给出指标 $c_i(i=1,\ 2,\ \cdots,\ n)$ 的权重分配值，如表 2-11 所示。

表 2-11　权重分配统计表

专家	指标						Σ
	c_1	c_2	$\cdots$	c_i	$\cdots$	c_n	
专家 1	w_{11}	w_{21}	$\cdots$	w_{i1}	$\cdots$	w_{n1}	1
专家 2	w_{12}	w_{22}	$\cdots$	w_{i2}	$\cdots$	w_{n2}	1
$\vdots$	$\vdots$	$\vdots$	$\ddots$	$\vdots$	$\ddots$	$\vdots$	1
专家 k	w_{1k}	w_{2k}	$\cdots$	w_{ik}	$\cdots$	w_{nk}	1
权重 a_i $(i=1,\ 2,\ \cdots,\ n)$	$\dfrac{1}{k}\sum\limits_{j=1}^{k}w_{1j}$	$\dfrac{1}{k}\sum\limits_{j=1}^{k}w_{2j}$	$\cdots$	$\dfrac{1}{k}\sum\limits_{j=1}^{k}w_{ij}$	$\cdots$	$\dfrac{1}{k}\sum\limits_{j=1}^{k}w_{nj}$	1

根据表 2-11，令每个因素权重的均值作为其权重：

$$\overline{w}_i = \frac{1}{k}\sum_{j=1}^{k}w_{ij}\ \left(i=1,\ 2,\ \cdots,\ n\right) \tag{2-8}$$

即：

$$W = \left(\frac{1}{k}\sum_{j=1}^{k}w_{1j},\ \frac{1}{k}\sum_{j=1}^{k}w_{2j},\ \cdots,\ \frac{1}{k}\sum_{j=1}^{k}w_{nj}\right) \tag{2-9}$$

②专家意见离散程度。可用指标的标准差表示：

$$\sigma_i = \sqrt{\frac{1}{k-1}\sum_{j=1}^{k}\left(w_{ij}-\overline{w}_i\right)^2} \tag{2-10}$$

一般当 $\sigma_i > 0.63$ 时，表示专家的意见比较分散，应征询下一轮意见。

③专家意见协调程度。用变异系数和协调系数度量：

$$V_i = \frac{\sigma_i}{\overline{w}_i} \tag{2-11}$$

$$K = \frac{12}{k^2 \left(n^3 - n\right)} \sum_{i=1}^{m} \left(\overline{w_i} - \overline{w}\right)^2 \qquad (2-12)$$

式中，$\overline{w} = \dfrac{1}{m} \sum_{i=1}^{m} \overline{w_i}$。

由 $\overline{w_i}$、σ_i、V_i 和 K 的综合结果分析，决定是否进行第二轮咨询调查。若已通过，各指标的权值即取最后一轮的 $\overline{w_i}$。由于 $\sum_{i=1}^{m} \overline{w_i}$ 往往不等于 1，违背了权值之和为 1 的条件，应将 $\overline{w_i}$ 作归一化处理，n 个指标的权重向量为：

$$\boldsymbol{W} = \left(\frac{\overline{w_1}}{\overline{w}}, \ \frac{\overline{w_2}}{\overline{w}}, \ \cdots, \ \frac{\overline{w_m}}{\overline{w}}\right) = \left(w_1, \ w_2, \ \cdots, \ w_m\right) \qquad (2-13)$$

（7）最小平方和法

首先，由决策人将各个属性的重要性进行成对比较。假设共有 n 个目标，那么决策人需要将各个属性进行两两比较，共需要比较 $C_n^2 = \dfrac{1}{2} n(n-1)$ 次。将第 i 个目标对第 j 个目标的重要性记为 a_{ij}，并认为，这就近似于属性是属性 i 的权 w_i 与属性 j 的权 w_j 的比值，即 $a_{ij} \approx \dfrac{w_i}{w_j}$，$n$ 个属性成对的比较结果如下：

$$\boldsymbol{A} = \begin{pmatrix} a_{11} & a_{12} & \cdots & a_{1n} \\ a_{21} & a_{22} & \cdots & a_{2n} \\ \vdots & \vdots & \ddots & \vdots \\ a_{n1} & a_{n2} & \cdots & a_{nn} \end{pmatrix} \approx \begin{pmatrix} \dfrac{w_1}{w_1} & \dfrac{w_1}{w_2} & \cdots & \dfrac{w_1}{w_n} \\ \dfrac{w_2}{w_1} & \dfrac{w_2}{w_2} & \cdots & \dfrac{w_2}{w_n} \\ \vdots & \vdots & \ddots & \vdots \\ \dfrac{w_n}{w_1} & \dfrac{w_n}{w_2} & \cdots & \dfrac{w_n}{w_n} \end{pmatrix} \qquad (2-14)$$

若决策人能够精确地估计 $a_{ij}(i, \ j \in \boldsymbol{J})$，则有：

$$\begin{aligned} a_{ij} &= \frac{1}{a_{ji}} \\ a_{ij} &= a_{ik} \cdot a_{kj} \left(\forall i, \ j, \ k \in \boldsymbol{J}\right) \\ a_{ii} &= 1 \end{aligned} \qquad (2-15)$$

且

$$\sum_{i=1}^{n} a_{ij} = \frac{\sum_{i=1}^{n} w_i}{w_j} \qquad (2-16)$$

当 $\sum_{i=1}^{n} w_i = 1$ 时,

$$w_j = \frac{1}{\sum_{i=1}^{n} a_{ij}} \qquad (2-17)$$

若决策人对 $a_{ij}(i, j \in J)$ 的估计不够准确, 则上列格式中的等号应该为近似号。这时用最小二乘法求权重 w。即解如下模型:

$$\min \left\{ \sum_{i=1}^{n} \sum_{j=1}^{n} \left(a_{ij} w_j - w_i \right)^2 \right\} \qquad (2-18)$$

使得:

$$\sum_{i=1}^{n} w_i = 1$$
$$w_i \geq 0 \left(i = 1, \ 2, \ \cdots, \ m \right)$$

运用拉格朗日乘数法求解这一有约束纯量化问题, 则拉格朗日函数为:

$$L = \sum_{i=1}^{n} \sum_{j=1}^{n} \left(a_{ij} w_j - w_i \right)^2 + 2\lambda \left(\sum_{i=1}^{n} w_i - 1 \right) \qquad (2-19)$$

L 对 $w_l (l = 1, \ 2, \ \cdots, \ n)$ 求偏导, 并令其等于 0, 得到 n 个代数方程:

$$\sum_{i=1}^{n} \left(a_{il} w_l - w_i \right) a_{il} - \sum_{i=1}^{n} \left(a_{lj} w_j - w_l \right) + \lambda = 0, \ \ l = 1, \ 2, \ \cdots, \ n \qquad (2-20)$$

由式 (2-20) 与 $\sum_{i=1}^{n} w_i = 1$ 联立, 共 $n+1$ 个方程, 其中有 w_1, w_2, $\cdots$, w_n 及 λ 共 $n+1$ 个变量, 因此可以求得 $\boldsymbol{w} = (w_1, \ w_2, \ \cdots, \ w_n)^{\mathrm{T}}$。

(8) 特征向量法

通过求决策矩阵 $\boldsymbol{A}$ 的最大特征根 $\lambda_{\max} (\lambda_{\max} > 0)$ 所对应的特征向量求得权重向量 $\boldsymbol{w} = (w_1, w_2, \cdots, w_n)^{\mathrm{T}}$。

由式 (2-14), 我们可以得到:

$$\boldsymbol{A} = \begin{pmatrix} a_{11} & a_{12} & \cdots & a_{1n} \\ a_{21} & a_{22} & \cdots & a_{2n} \\ \vdots & \vdots & \ddots & \vdots \\ a_{n1} & a_{n2} & \cdots & a_{nn} \end{pmatrix} \approx \begin{pmatrix} \dfrac{w_1}{w_1} & \dfrac{w_1}{w_2} & \cdots & \dfrac{w_1}{w_n} \\ \dfrac{w_2}{w_1} & \dfrac{w_2}{w_2} & \cdots & \dfrac{w_2}{w_n} \\ \vdots & \vdots & \ddots & \vdots \\ \dfrac{w_n}{w_1} & \dfrac{w_n}{w_2} & \cdots & \dfrac{w_n}{w_n} \end{pmatrix} = \begin{pmatrix} w_1 \\ w_2 \\ \vdots \\ w_n \end{pmatrix} \begin{pmatrix} \dfrac{1}{w_1} & \dfrac{1}{w_2} & \cdots & \dfrac{1}{w_n} \end{pmatrix} \qquad (2-21)$$

即用 $w=(w_1, w_2, \cdots, w_n)^T$ 右乘上式（2–21），得到：

$$(A-nI)w=0 \qquad (2–22)$$

式中，I 为单位矩阵。如果目标重要性判断矩阵 A 中的值估计准确，则式（2–22）严格等于 0。如果 A 的估计不够准确，则 A 中元素的小的振动意味着特征值的小的振动，从而有：

$$Aw=\lambda_{max}w \qquad (2–23)$$

式中，λ_{max} 为矩阵 A 的最大特征值。由式（2–23）即可求得 $w=(w_1, w_2, \cdots, w_n)^T$，此方法称为特征向量法。当 $\lambda_{max}=n$ 时即为判断矩阵完全一致。然而通过特征向量法求权重比较麻烦，也是比较复杂的过程。因而可在保证精度的情况下，利用一些近似方法来计算 w，如列和法、方根法（几何平均法）。

①列和法（或称和积法，列正规化后平均值法）。

$$w_i = \frac{1}{n}\sum_{j=1}^{n}\left(\frac{a_{ij}}{\sum_{k=1}^{n}a_{kj}}\right) \qquad (2–24)$$

即对每一列进行归一化，然后各列归一化后的判断矩阵按行相加，也就是采用这 n 列向量的算术平均值作为权向量。

如，假设有以下判断矩阵 $A = \begin{pmatrix} 1 & \frac{1}{3} & \frac{1}{2} \\ 3 & 1 & 3 \\ 2 & \frac{1}{3} & 1 \end{pmatrix}$，使用列和法求解权重：

首先，将数据进行归一化，得到归一化判断矩阵 $\overline{A}$。我们以第一列数据为例，进行计算：

$$\overline{a_{11}} = \frac{1}{1+3+2} = 0.1667, \quad \overline{a_{21}} = \frac{3}{1+3+2} = 0.5000, \quad \overline{a_{31}} = \frac{2}{1+3+2} = 0.3333$$

$$\overline{A} = \begin{pmatrix} 0.1667 & 0.2000 & 0.1111 \\ 0.5000 & 0.6000 & 0.6667 \\ 0.3333 & 0.2000 & 0.2222 \end{pmatrix}$$

其次，将各列归一化后的判断矩阵按行相加，并计算其平均值作为权重向量。以第一行数据为例，进行计算，得：

$$w_1 = \frac{(0.1667+0.2000+0.111)}{3} = 0.1593$$

依次计算，最终得到权重 $w=(0.1593, 0.5889, 0.2518)$。

②方根法（几何平均法）。

首先，将矩阵 A 每行元素连乘并开 n 次方，即：

$$M_i = \prod_{j=1}^{n} a_{ij} \quad i = (1,\ 2,\ \cdots,\ n) \tag{2-25}$$

$$\overline{w_i} = \sqrt[n]{M_i} \tag{2-26}$$

其次，求权重，即：

$$w_i = \frac{\overline{w_i}}{\sum_{i=1}^{n} \overline{w_i}} \tag{2-27}$$

如，使用方根法求解判断矩阵 $A = \begin{pmatrix} 1 & \frac{1}{3} & \frac{1}{2} \\ 3 & 1 & 3 \\ 2 & \frac{1}{3} & 1 \end{pmatrix}$ 的权重：

首先，根据式（2-25）和式（2-26），以第一行数据为例，进行计算，求得

$$\overline{w_1} = \sqrt[3]{1 \times \frac{1}{3} \times \frac{1}{2}} = 0.5503$$

依次计算，求得 $M_i = \begin{pmatrix} 0.5503 \\ 2.0801 \\ 0.8736 \end{pmatrix}$

其次，根据式（2-27），计算权重。以第一行数据为例，计算得到：

$$w_1 = \frac{0.5503}{0.5503 + 2.0801 + 0.8736} = 0.1570$$

依次计算，求得最终权重为 $w=(0.1570，0.5936，0.2493)$。

2.5.2 客观赋权法

客观赋权法相对客观，主要是以决策数据（属性值）为基本依据，通过建立一定的数学模型求解得到。客观权重能较好地反映决策对象的客观信息。另外，各种优化模型的建立都有一定的理论基础，如客观赋权方法中的离差最大化方法和标准差与平均差极大化方法都利用了方案排序中"属性值差异越大，其在排序中所起的作用越大，属性权重就应越大"这一思想。可以看出，客观权重不仅充分利用了决策对象的客观信息，而且具有很好的数学理论基础，因此它也被广泛采用。常用的客观赋权法有：主成分分析法、因子分析法、灰色关联度法、粗糙集法、熵值法、均方差法、类间标准差法、多目标最优化法、

CRITIC法等。这里主要介绍以下六种。

（1）熵值法

"熵（Entropy）"最早是物理学中的概念，是由德国物理学家克劳修斯（T. Clausuis）提出的，起初是被用来描述物质能量退化的一个参数。此后被引申成一个包容性更强的概念，即"信息熵"，这是由信息论的奠基人香农（C.E. Shannon）延伸的，主要进行不确定性的计量，且其在社会经济与工程技术中均有着广泛的应用。信息熵描述了样本数据变化的相对速率，系数越接近于1，距目标就越近；系数越接近于0，距目标就越远。在综合评价中由此得到的指标权重描述了指标数值变化的相对幅度。熵值法通过计算指标的信息熵，根据指标的相对变化程度对系统整体的影响来决定指标权重的一种方法，相对变化程度大的指标具有较大的权重。利用熵值法确定权重，能够消除人为因素的干扰，使评价结果更加科学合理。在信息论中，信息量越大，不确定性就越小，熵也就越小；信息量越小，不确定性就越大，熵也就越大。根据熵的特性，我们可以用熵值来判断某个指标的离散程度，指标的离散程度越大，该指标对综合评价的影响就越大。熵值法确定指标权重的步骤如下：

设 $x_{ij}(i=1, 2, \cdots, m, j=1, 2, \cdots, n)$ 为第 i 个方案的第 j 项属性数值。

步骤1：计算特征比重。第 j 项属性下，第 i 个方案的特征比重为：

$$p_{ij} = \frac{x_{ij}}{\sum_{i=1}^{m} x_{ij}} \left(x_{ij} \geq 0 \text{ 且 } \sum_{i=1}^{n} x_{ij} \geq 0 \right) \tag{2-28}$$

步骤2：计算第 j 项属性的熵值 e_j 和差异性系数 d_j。

$$e_j = -K \sum_{i=1}^{m} p_{ij} \ln p_{ij} \tag{2-29}$$

式中，$e_j > 0$，K 为玻尔兹曼常数，$K = \frac{1}{\ln m}$，

差异性系数 d_j 为第 j 项属性下各方案贡献度的一致性程度：

$$d_j = 1 - e_j \tag{2-30}$$

步骤3：计算第 j 项属性的权重 $w_j(j=1, 2, \cdots, m)$。

$$w_j = \frac{d_j}{\sum_{j=1}^{m} d_j} \tag{2-31}$$

式中，w_j 为归一化的权重系数。当 $d_j=0$，第 j 项属性可以删除，其权重等于零。

如果决策者事先已有一些经验的主观估计权重 λ_j，则可借助上述的 w_j 来对 λ_j 进行修正：

$$w_j^o = \frac{\lambda_j w_j}{\sum_{j=1}^{n} \lambda_j w_j} \qquad (2-32)$$

熵值法的优点：熵值法作为一种常见的客观确定权重的确权方法，其主要思想是利用各个评价指标所承载的信息量以及对整个评价系统的影响程度判断各个指标的有效性和重要性，进而对指标进行客观准确赋权。此方法并未掺杂决策者主观上的判断，有效地避免了人为因素造成的干扰和误差，较好地依据客观实际对评价体系做出客观、公正的赋权，权重值可信度较高，有力地确保结果的客观性和准确性，是一种定性分析和定量分析相结合的决策方法，目前广泛应用在系统工程、经济学、统计学等领域。熵权法能够应用于任何需要计算权重的项目。

（2）均方差法

均方差法也称标准差法。均方差法的基本思路是：直接将各评价指标的标准差系数向量进行归一化处理，结果即为信息量权数。某个指标的标准差越大，说明在同一指标内，方案取值差距就越大，在综合评价中所起的作用越大，其权重也就越大；相反，某个指标的标准差越小，在综合评价中所起的作用就越小，权重也应越小。

均方差是概率学中反映随机变量离散程度常用的指标，均方差是对于无法观察的参数 θ 的一个估计函数 T。均方差定义为：

$$RMSD\left(\hat{\theta}\right) = \sqrt{MSE\left(\hat{\theta}\right)} = \sqrt{E\left(\hat{\theta} - \theta\right)^2} \, 。 \qquad (2-33)$$

均方差是衡量一个样本波动大小的量，样本均方差越大，样本数据的波动就越大。均方差在应用统计学中用于数学建模，分析生物信息学中蛋白质原子间距离，判定可计算神经学中模型的正确度等。均方差能够良好地反映随机变量数字特征，也可以用于测度属性的特征权重。对于任意两个属性 c_i、c_j，如果 $RMSD(c_i)$ 大于 $RMSD(c_j)$，可以判定 c_j 样本的波动较大，c_i 属性在聚类中应占有更重要的地位。通过对 c_i 属性赋予较大权值来调整特征空间，可以更准确反映类内相似度并得到更佳的聚类结果。均方差法确定权重的步骤如下。

步骤 1：决策矩阵标准化。原始数据矩阵 $X=\{X_{ij}\}(i=1, 2, \cdots, m, j=1, 2, \cdots, n)$ 标准化后得到的矩阵为：

$$X_{ij} = \begin{pmatrix} x_{11} & x_{12} & \cdots & x_{1n} \\ x_{21} & x_{22} & \cdots & x_{2n} \\ \vdots & \vdots & \ddots & \vdots \\ x_{m1} & x_{m2} & \cdots & x_{mn} \end{pmatrix}$$

步骤2：计算指标标准差。

设 $\overline{X}_j$ 表示第 j 个指标的均值，$\overline{X}_j = E\left(X_j\right) = \dfrac{1}{n}\sum_{i=1}^{m} X_{ij}$，$\sigma_j$ 表示第 j 个指标的标准差。

$$\sigma_j = \sqrt{\sum_{i=1}^{m}\left|X_{ij} - E\left(X_j\right)\right|^2} \qquad (2-34)$$

步骤3：将标准化归一化，得到指标权重为：

$$w_j = \frac{\sigma_j}{\sum_{j=1}^{n}\sigma_j} \qquad (2-35)$$

（3）灰色关联度法

灰色系统理论（Grey System Theory）是由华中科技大学邓聚龙教授于1982年提出的。人们常用"白色系统"来形容信息内涵外延都比较明确或已知的系统，用"黑色系统"表示信息不明确或者未知的系统，而介于之间的就衍生出"灰色系统"的概念，是用来表示部分信息明确，也有部分信息不明确的系统。系统中的各因素看起来毫无关联，通过灰色理论对其进行量化分析，从而发现其中的规律。其实质是用离散数据来描述系统内各因素之间的关系。

灰色关联度法是灰色系统理论的重要构成部分，其核心是计算关联度。关联度是两个系统间的因素，随时间或不同对象而变化的关联性大小的量度。通过特定的方法计算出样本序列与较优的参考序列之间的吻合程度，如果样本序列与参考序列之间的关联度序列曲线之间的关联度越大，就越接近最优情况，距离越远即关联度越小，有待优化。利用关联度来代表研究变量与标杆变量之间的密切程度，即研究的好坏次第，再依照其关联度的大小进行排序，最终得出结论。此方法具有原理简单、易于掌握、计算简便、排序明确、对选取的数据本身和变量类型无特殊限制，也无须考虑研究指标变量之间的相关程度等特点，更适合信息收集不全或者小样本数据的研究。该方法也是唯一一种将数据对比与几何图形发展态势相结合的求权方法。通过几种曲线与同一条曲线间的差值来判断关联程度。其几何意义为：通过几何图形的发展趋势的相似程度来判断其关联程度且二者呈正相关。灰色关联度法确定权重的具体步骤如下。

步骤1：构造"参考序列"。

根据实际数据，构造初始矩阵 $X = (x_{ij})_{m\times n}$。按照指标的最优值的选择方法，按照不同的指标的属性，从评价矩阵中每个指标的评价值中选择出最优值，组成参考数列 $\{x_0\} = \{x_0(1),$

$x_0(2)$，$\cdots$，$x_0(n)\}$，得到含有参考数列的矩阵 $\boldsymbol{D}$：

$$\boldsymbol{D} = \begin{pmatrix} x_{01} & \cdots & x_{0n} \\ \vdots & x_{ij} & \vdots \\ x_{m1} & \cdots & x_{mn} \end{pmatrix}_{[(m+1) \times n]}$$

步骤 2：对指标进行无量纲化处理。

在解决实际问题时，为了让具有不同的量纲的指标之间也能比较，需利用公式（2-5）和式（2-6）消除评价指标的量纲，从而可以得到预处理后的新矩阵 $\boldsymbol{R}$：

$$\boldsymbol{R} = (r_{ij})(i=1,\ 2,\ \cdots,\ m+1,\ j=1,\ 2,\ \cdots,\ n)$$

步骤 3：计算第 i 个单位第 j 个指标与参考序列相比较的关联系数 r_{ij}。

在计算灰色关联系数过程中，令 $\Delta_i(j)=|x_0(j)-x_i(j)|$，$\Delta_i(j)_{[(m+1) \times n]}$ 为比较数列 $(r_{i1}$，r_{i2}，$\cdots$，$r_{in})(i=1,\ 2,\ \cdots,\ m)$ 对参考数列 $\{r_0\}=\{r_0(1)$，$r_0(2)$，$\cdots$，$r_0(n)\}$ 的偏差矩阵，为了提高数列之间关联系数之间的差异性，减少由最大绝对差值产生的影响，设计了分辨系数 $\rho(0 \leqslant \rho \leqslant 1)$，$\rho$ 的值越小，表明对比较数列和参考数列的分辨率越大，一般取 $\rho=0.5$，则灰色关联系数 $\xi_i(j)$ 是比较数列曲线与参考数列曲线在 j 个指标的相对差值，计算公式为：

$$\xi_i(j) = \frac{\min\limits_i \min\limits_j \Delta_i(j) + \rho \max\limits_i \max\limits_j \Delta_i(j)}{\Delta_i(j) + \rho \max\limits_i \max\limits_j \Delta_i(j)} \tag{2-36}$$

式中，$\max\limits_i \max\limits_j \Delta_i(j)$ 为 $\Delta_i(j)_{[(m+1) \times n]}$ 矩阵中的最小值；$\max\limits_i \max\limits_j \Delta_i(j)$ 为 $\Delta_i(j)_{[(m+1) \times n]}$ 中的最大值。得到灰色关联度判断矩阵：

$$\boldsymbol{F} = \begin{pmatrix} r_{11} & r_{12} & \cdots & r_{1n} \\ r_{21} & r_{22} & \cdots & r_{2n} \\ \vdots & \vdots & \ddots & \vdots \\ r_{m1} & r_{m2} & \cdots & r_{mn} \end{pmatrix}$$

考虑到 $(r_{1j}$，r_{2j}，$\cdots$，$r_{nj})$ 是 n 个方案对第 j 个指标的灰色关联度，即这 n 个方案中第 j 个因素值分别与参考序列中第 j 个因素值的相似程度，所以：

$$\overline{w_j} = \frac{1}{n} \sum_{i=1}^{m} r_{ij} \ (j=1,\ 2,\ \cdots,\ m) \tag{2-37}$$

式（2-37）反映了第 j 个指标在整个指标中所占的比重。将 $\overline{w_j}(j=1,\ 2,\ \cdots,\ n)$ 归一化处理：

$$w_j = \frac{\overline{w_j}}{\sum\limits_{j=1}^{n} \overline{w_j}} \tag{2-38}$$

因此可将 $\boldsymbol{W}=(w_1, w_2, \cdots, w_m)$ 作为指标的权重。

（4）CRITIC 法

CRITIC 法基于指标间的对比度与冲突性计算客观权重。指标间的对比强度通过标准差体现，标准差越大，则指标属性的差距越大；而冲突性通过指标间的关联关系体现，若指标之间相关性较强，则有较低的冲突性。当评估指标较多时，该方法可以客观地消除一些关联性较强的指标影响，减少信息的重叠，从而得到更科学的结果。

CRITIC 法步骤如下。

步骤1：用标准0–1变换处理原始样本矩阵 $\boldsymbol{X}=(x_{ij})_{m \times n}$。

步骤2：计算各属性指标的标准差 σ_j：

$$\sigma_j = \sqrt{\frac{1}{n}\sum_{i=1}^{m}\left(z_{ij}-Z_j\right)^2}, \quad j=1, 2, \cdots, n \tag{2-39}$$

式中，Z_j 为第 j 个属性指标的平均值。

步骤3：计算各属性指标的冲突性量化值 T_j：

$$T_j = \sum_{k=1}^{n}\left(1-r_{jk}\right) \tag{2-40}$$

其中，

$$r = \frac{\sum\left(y-\bar{y}\right)\left(z-\bar{z}\right)}{\sqrt{\sum\left(y-\bar{y}\right)^2\left(z-\bar{z}\right)^2}} \tag{2-41}$$

步骤4：计算各属性指标的信息量 C_j：

$$C_j = \sigma_j \times T_j \tag{2-42}$$

步骤5：计算权重 w_j：

$$w_j = \frac{C_j}{\sum_{j=1}^{n}C_j} \tag{2-43}$$

（5）因子分析法

因子分析法是一种多元统计分析方法，它从所研究的全部原始变量中将有关信息集中起来，通过探讨相关矩阵的内部依赖结构，将多指标综合成少数因子（综合指标），再现指标与因子之间的相关关系，并进一步探讨产生这些相关关系的内在原因。

（6）主成分分析法

其基本思想是把多项评价指标综合成 m 个主成分，再以这 m 个主成分的贡献率为权数构造一个综合指标，并据此做出判断。它用 m 个线性无关的主成分代替原有的 n 个评价指标。当这 n 个评价指标的相关性较高时，这种方法能消除指标间信息的重叠，而且能根据指标所提供的信息，通过数学运算主动赋权，具有客观性。

2.5.3 主客观集成赋权法

权重系数的确定是指标评价过程中的关键也是难点问题。一般的权重系数确定方法可以分为主观赋权法和客观赋权法两种。主观赋权法侧重于主观判断，其结果的准确与否取决于专家的经验，而客观赋权法则是基于对原始数据和数学模型的客观分析，往往忽略了决策者的主观信息。综合集成赋权法正是通过"加法"或"乘法"的集成方法将两种权重系数确定方法从逻辑上有机结合起来，既在一定程度上反映了决策者的主观信息，同时又可以利用原始数据和模型，体现客观实际，弥补了前两种评价方法的不足，使得这个权重系数更为客观合理。常用的主客观集成赋权法主要有线性加权组合法和乘法合成法。

根据具体情况，选择主观赋权法中的一种或几种对各指标赋权。设所得各评价指标的主观权重为：

$$\boldsymbol{\alpha}=(\alpha_1, \alpha_2, \cdots, \alpha_n)^{\mathrm{T}}$$

式中：$\sum_{j=1}^{n}\alpha_j=1, \alpha_j\geq0(j=1, 2, \cdots, n)$。

根据具体情况，选择客观赋权法中的一种或几种对各指标赋权。设所得各评价指标的客观权重为：

$$\boldsymbol{\beta}=(\beta_1, \beta_2, \cdots, \beta_n)^{\mathrm{T}}$$

式中：$\sum_{j=1}^{n}\beta_j=1, \beta_j\geq0(j=1, 2, \cdots, n)$。

设评价指标的综合权重为：

$$\boldsymbol{w}=(w_1, w_2, \cdots, w_n)^{\mathrm{T}}$$

式中：$\sum_{j=1}^{n}w_j=1, w_j\geq0(j=1, 2, \cdots, n)$。

（1）线性加权组合法
①利用式（2-44）进行计算：

$$w_j=\mu\alpha_j+(1-\mu)\beta_j \qquad (2-44)$$

其中，$\mu(0\leq\mu\leq1)$ 为偏好函数，它反映评价者对主观权重和客观权重的偏好程度。

注意：由于此法所得结果小于1是必然的，故不必要再对权重做归一化处理。当 $\mu=0.5$ 时，也可以用式（2-45）来计算：

$$w_j = \frac{\alpha_j + \beta_j}{\sum\limits_{j=1}^{n}\left(\alpha_j + \beta_j\right)} \tag{2-45}$$

②利用式（2-46）进行计算：

$$w_j = \delta\alpha_j + \varepsilon\beta_j \tag{2-46}$$

确定 δ、ε，使：

$$\sum_{i=1}^{m}\sum_{j=1}^{n}\left(\delta\alpha_j + \varepsilon\beta_j\right) r_{ij}$$

在满足 $0 \le \delta \le 1$，$0 \le \varepsilon \le 1$，$\delta^2 + \varepsilon^2 = 1$ 的条件下，取值最大，应用拉格朗日（Lagrange）条件极值原理可得：

$$\delta = \frac{\sum\limits_{i=1}^{m}\sum\limits_{j=1}^{n}r_{ij}\alpha_j}{\sqrt{\left(\sum\limits_{i=1}^{m}\sum\limits_{j=1}^{n}r_{ij}\alpha_j\right)^2 + \left(\sum\limits_{i=1}^{m}\sum\limits_{j=1}^{n}r_{ij}\beta_j\right)^2}} \tag{2-47}$$

$$\varepsilon = \frac{\sum\limits_{i=1}^{m}\sum\limits_{j=1}^{n}r_{ij}\beta_j}{\sqrt{\left(\sum\limits_{i=1}^{m}\sum\limits_{j=1}^{n}r_{ij}\alpha_j\right)^2 + \left(\sum\limits_{i=1}^{m}\sum\limits_{j=1}^{n}r_{ij}\beta_j\right)^2}} \tag{2-48}$$

当然，δ、ε 也可以由决策者的偏好来确定，例如 $\delta = \varepsilon$。

其中，r_{ij} 为第 i 个方案对应的第 j 个属性的实测值。

（2）乘法合成法

①直接合成：

$$w_j = \frac{\alpha_j\beta_j}{\sum\limits_{j=1}^{n}\alpha_j\beta_j} \tag{2-49}$$

②间接合成：

$$w_j = \frac{\left(\alpha_j\right)^\delta\left(\beta_j\right)^\varepsilon}{\sum\limits_{j=1}^{n}\left(\alpha_j\right)^\delta\left(\beta_j\right)^\varepsilon} \tag{2-50}$$

式中，δ、ε 分别为主、客观权重的相对重要程度，且满足 $0 \leqslant \delta \leqslant 1$、$0 \leqslant \varepsilon \leqslant 1$、$\delta + \varepsilon = 1$。

2.6 多属性决策方法选择

2.6.1 方法选择的必要性

虽然现在有很多属性决策的方法，但没有一种方法完美地适合任何决策，可存在的多属性决策方法可以和决策数量一样多。不同的方法仅可以被认为是不同算法步骤的改进，而不能作为决策过程的基础。

许多研究表明，决策者在决策过程中会受到偏好表述的清晰度、方案描述、属性选择等各个方面的影响。当我们构建评价模型的时候，决策环境是人为建立而不是客观存在的。每种多属性决策的方法都有自己的特定的偏好表述清晰度，不同偏好清晰度的表述会产生不同的结果。选择合适的多属性决策方法构建评价模型才能避免误差。

2.6.2 多属性决策方法分类

在得到决策信息之后，决策者就需要利用或提出科学有效的多属性决策方法来处理所得到的决策信息，从而实现对决策方案的排序和择优。现有的多属性决策方法大概可以分为以下三种。

（1）评分模型

这种模型选择具有最高效用值，因此问题变为如何为相应的决策情况确定适合的多属性效用函数。相应的决策方法有 WSM 和 WPM。

（2）折中模型

根据决策信息确定多属性决策问题的理想解，并根据各方案与理想解的贴近程度实现综合排序择优的方法称为基于理想解排序法。常用的基于理想解排序法有 TOPSIS 法、VIKOR 法以及 EDAS 法等。

（3）基于级别优于关系排序法（调和模型）

该类决策方法的基本决策过程为：首先选定各指标属性的偏好函数，然后根据决策信息针对各属性下的决策方案进行两两对比，并量化比较结果，之后利用各指标属性的权重信息对各属性量化结果进行加权计算，得到各决策方案的综合偏好值，并以此得到各决策方案的排序，实现最优决策方案的选择。典型的通过级别高于关系进行的决策方法有很多，如ELECTRE法、QUALIFLEX法以及PROMETHEE法等。

思考题

1. 简述多属性决策的主要方法。

2. 多属性决策问题与多目标决策问题有哪些区别？

3. 表2-12是一个多属性决策问题的原始值，其中y_1指标为效益型属性，y_2和y_3指标均为成本型属性。请分别运用同向性转换与标准变化两种方法对表2-12原始属性值进行数据预处理，并将所有的指标全部转化为效益型属性。

4. 请运用客观赋权法计算表2-12决策矩阵的权重。

表2-12　多属性决策问题的原始属性值

序号	y_1	y_2	y_3
1	0.8	38	658
2	1.2	65	700
3	0.6	42	523
4	2.5	30	328
5	1.4	28	415

第 3 章
AHP 法和 ANP 法

本章知识点

1. 层次分析法的概念、原理

2. 层次分析法的优缺点

3. 层次分析法的计算步骤

4. 网络分析法的计算步骤

3.1　AHP概述

层次分析法（Analytic Hierarchy Process，AHP）是由美国运筹学家、匹兹堡大学萨蒂（Saaty）教授提出的，是一种解决多目标复杂问题的定性和定量相结合计算决策权重的研究方法。该方法将定量分析与定性分析结合起来，用决策者的经验判断各衡量目标之间能否实现的标准之间的相对重要程度，并合理地给出每个决策方案的每个标准的权数，利用权数求出各方案的优劣次序，比较有效地应用于那些难以用定量方法解决的问题。

3.2　AHP的基本原理和特点

3.2.1　AHP的基本原理

AHP基本原理就是首先把问题层次化，按问题性质和总目标将问题分解成不同层次，构成一个多层次的分析结构模型，分为最低层（供决策的方案、措施等），相对于最高层（总目标）的相对重要性权值的确定或相对优劣次序的排序问题。AHP体现了人们的决策思维的基本特征，即分解、判断、综合的过程。

（1）AHP的测度原理

决策就是要从一组已知方案中选择理想的方案，对于社会、经济系统的决策模型来说，常常难于定量测度。因此，AHP的核心是决策模型中因素的测度化。AHP针对社会经济系统的测度具有的特点，提供可测度决策的基本方式，即采用相对标度进行两两比较从而实现对有形与无形、可定量与不可定量因素的统一测度。

（2）递阶层次结构原理

一个复杂的问题可分解为几个组成部分或因素，即目标、准则、方案等。按照属性的不同把这些因素分组形成互补相交的层次，上一层次的因素对相邻的下一层次的全部或部分因素起支配作用，形成按层次自上而下的逐层支配关系。

（3）AHP的排序原理

AHP的排序问题，实质上是一组因素两两比较其重要性，计算因素相对重要性的测度问题。

3.2.2 AHP的优缺点

（1）AHP的优点

①系统性：系统分析的思想要求把分析对象看作一个整体，并把系统分清层次，而AHP的思想基础与系统分析的原则是一致的。它要求决策者在对问题进行决策分析时，将分析对象的相关因素建立起彼此相关的层次递阶系统结构。该结构可以清晰地反映各相关因素的相互关系。

②实用性：在目前大量的决策问题中，决策者所要考虑的因素很多属于定性化因素，这些因素不能以某种定量的标度进行表现。AHP进行决策分析时，把定性和定量方法结合起来，能处理许多用传统的最优化技术无法着手的实际问题，应用范围很广。同时，这种方法使决策者与决策分析者能够相互沟通，决策者甚至可以直接应用它，这就增加了决策的有效性。

③简便性：AHP的评判决策过程十分简便，若辅之以计算机及相关程序，则整个计算过程就更为方便、迅速。决策者容易了解AHP的基本原理并掌握该方法的基本步骤，并且所得结果简单明确。

④准确性：AHP既可以为决策者提供"满意的决策"，也可以提供"最优的决策"。AHP丰富的数学原理为该方法的准确性提供了可信的基础。AHP方法还能吸取决策者个人或集团的阅历、智慧及判断能力。

（2）AHP的缺点

AHP在实际应用中也有一定的局限性，主要表现在以下三个方面。

一是，该方法中的比较、判断以及结果的计算过程都是粗糙的，不适用于精度较高的问题。

二是，从建立层次结构模型到给出成对比较矩阵，人们主观因素对整个过程的影响很大，这就使结果难以让所有的决策者接受。

三是，只能从原有的方案中优选一个出来，没有办法得出更好的新方案。

3.2.3 AHP的分析步骤

运用AHP进行决策时，其分析步骤与内容如下。

（1）明确问题和建立层次结构

明确问题即对系统进行分析。将系统的影响因素（目标、可行方案等）分门别类。

层次结构是指根据系统中各因素的特点，将其分成不同层次。按照最高层、若干有关的中间层和最低层的形式排列起来，如图3-1所示。

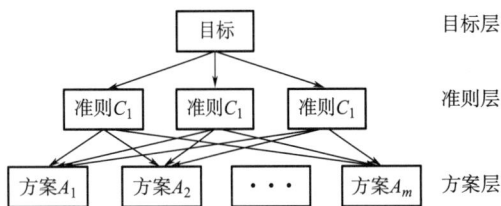

图3-1 AHP的层次结构

最高层：目标层。表示解决问题的目的，即层次分析要达到的总目标。通常只有一个总目标。

中间层：一般分为准则层、指标层、策略层、约束层等。表示采取某种措施、政策、方案等实现预定总目标所涉及的中间环节。

最低层：方案层。表示将选用的解决问题的各种措施、政策、方案等。通常有几个方案可选。

（2）构造判断矩阵

这是AHP决策分析中一个关键的步骤。因素的两两比较是用来获取决策者的偏好信息的一种比较实际的手段，AHP方法要求决策者对每一个层次的各元素的相对重要性做出判断。这些判断用数值表示出来就是判断矩阵，它是AHP方法的信息基础。AHP方法中的判断矩阵是指针对上一层次的某一元素，本层次有关元素之间的相对重要性，即权重。在建立递阶层次结构以后，上下层次之间元素的隶属关系就被确定了。

假定上一层次的元素 C_n 作为准则，对下一层次的元素 A_1，A_2，…，A_m 有支配关系，我们的目的是在准则 C_n 之下按它们相对重要性通过两两比较的方法，赋予 A_1，A_2，…，A_m 相应的权重。同样，基于某个指标，对方案进行两两比较，决策各个方案在单属性上表现的相对优劣。

在确定影响某因素的诸因子在该因素中所占的比重时，遇到的主要困难是这些比重常常不易定量化。此外，当影响某因素的因子较多时，直接考虑各因子对该因素有多大程度的影响时，常常会因考虑不周、顾此失彼而使决策者提出与他实际认为的重要性程度不相一致的数据，甚至有可能提出一组隐含矛盾的数据，而且在确定各层次各因素之间的权重时，如果只是定性的结果，则常常不容易被别人接受，因而萨蒂等提出一致矩阵法。第一，不把所有因素放在一起比较，而是两两相互比较。第二，采用相对尺度，以尽可能降低性质不同的诸因素相互比较的困难，提高准确度。判断矩阵 A 是表示本层所有因素针对上一层某一个因素的相对重要性的比较。判断矩阵的元素 a_{ij} 用萨蒂的 $1\sim9$ 标度方法给出，如表3–1所示。

表3-1 判断矩阵标度的含义

标度	含义
1	表示两个因素相比，具有同样的重要性
3	表示两个因素相比，一个因素比另一个因素稍微重要
5	表示两个因素相比，一个因素比另一个因素明显重要
7	表示两个因素相比，一个因素比另一个因素强烈重要
9	表示两个因素相比，一个因素比另一个因素极端重要
2，4，6，8	上述两相邻判断的中值
倒数 $\dfrac{1}{a_{ij}}$	因素 i 与 j 比较的判断 a_{ij}，则因素 j 与 i 比较的判断 $a_{ij}=\dfrac{1}{a_{ij}}$

从心理学观点来看，分级太多会超越人们的判断能力，既增加了判断的难度，又容易因此而提供虚假数据。萨蒂等还用实验方法比较了在各种不同标度下人们判断结果的正确性，实验结果也表明，采用 $1\sim9$ 标度最为合适。

（3）层次单排序及一致性检验

对应于判断矩阵最大特征根 $\lambda_{\max}$ 的特征向量，经归一化（使向量中各元素之和等于1）后记为 W。W 的元素为同一层次因素对于上一层次因素某因素相对重要性的排序权值，这一过程称为层次单排序。

上述构造成对比较判断矩阵的办法虽能减少其他因素的干扰，较客观地反映一对因子影响力的差别，但综合全部比较结果时，其中难免包含一定程度的非一致性。AHP法需要检验构造出来的判断矩阵 A 是否严重的非一致，以便确定是否接受 A。

根据矩阵理论，我们可以由 $\lambda_{\max}$ 是否等于 n 来检验判断矩阵 A 是否为一致矩阵。由于特征根连续地依赖于 a_{ij}，故 $\lambda_{\max}$ 比 n 大得越多，A 的非一致性程度也就越严重，$\lambda_{\max}$ 对应的标准化特征向量也就越不能真实地反映 $X=\{x_1, x_2, \cdots, x_n\}$ 在对因素 Z 的影响中所占的比重。因此，对决策者提供的判断矩阵有必要做一次一致性检验，以决定是否能接受它。

具体步骤如下：

①计算一致性指标CI。

$$CI = \frac{\lambda_{\max} - n}{n-1} \tag{3-1}$$

式中，$CI=0$，有完全的一致性；CI接近于0，有满意的一致性；CI越大，不一致越严重。

②为衡量的CI大小，引入判断矩阵的平均随机一致性指标RI。萨蒂的结果如表3-2所示。

表3-2 判断矩阵的一致性检验指标值

n	1	2	3	4	5	6	7	8	9
RI	0	0	0.58	0.90	1.12	1.24	1.32	1.41	1.45

RI的值是这样得到的，用随机方法构造500个样本矩阵：随机地从$1 \sim 9$及其倒数中抽取数字构造正互反矩阵，求得最大特征根的平均值$\lambda_{\max}$，并定义

$$RI = \frac{\lambda_{\max} - n}{n-1} \tag{3-2}$$

③计算一致性比例CR。

$$CR = \frac{CI}{RI} \tag{3-3}$$

④判断：当$CR < 0.10$时，认为判断矩阵的一致性是可以接受的，否则应对判断矩阵做适当修正。

（4）层次总排序及其一致性检验

计算某一层次所有因素对于最高层（总目标）相对重要性的权值，称为层次总排序。这一过程是从最高层次到最低层次依次进行的。

设上一层次（A层）包含A_1，A_2，$\cdots$，A_m共m个因素，它们的层次总排序权重分别为a_1，a_2，$\cdots$，a_m。又设其后的下一层次（B层）包含n个因素B_1，B_2，$\cdots$，B_m，它们关于A_j的层次单排序权重分别为b_{1j}，b_{2j}，$\cdots$，b_{nj}（当B_j与A_j无关联时，$b_{ij}=0$）。现求B层中各因素关于总目标的权重，即求B层各因素的层次总排序权重，计算b_1，b_2，$\cdots$，b_n，计算方式按表3-3所示的方式进行，即$b_i = \sum_{j=1}^{m} b_{ij} a_j$，$i = 1$，$2$，$\cdots$，$n$。

表3-3 层次排序权重

| 因素 | A_1 | A_2 | ... | A_m | B层总排序权重 |
	a_1	a_2	...	a_m	
B_1	b_{11}	b_{12}	...	b_{1m}	$\sum_{j=1}^{m} b_{1j}a_j$
B_2	b_{21}	b_{22}	...	b_{2m}	$\sum_{j=1}^{m} b_{2j}a_j$
⋮	⋮	⋮	⋮	⋮	⋮
B_m	b_{n1}	b_{n2}	...	b_{nm}	$\sum_{j=1}^{m} b_{nj}a_j$

对层次总排序也需做一致性检验，检验仍像层次总排序那样由高层到低层逐层进行。这是因为虽然各层次均已经过层次单排序的一致性检验，各成对比较判断矩阵都具有较为满意的一致性。但当综合考察时，各层次的非一致性仍有可能积累起来，引起最终分析结果较严重的非一致性。

设 B 层中与 A_j 相关的因素的成对比较判断矩阵在单排序中经一致性检验，求得单排序一致性指标为 $CI(j)(j=1，2，\cdots，m)$，相应的平均随机一致性指标为 $RI(j)$ ［$CI(j)$ 和 $RI(j)$ 已在层次单排序时求得］，则 B 层总排序随机一致性比例为：

$$CR = \frac{\sum_{j=1}^{m} CI(j)a_j}{\sum_{j=1}^{m} RI(j)a_j} \qquad (3-4)$$

当 $CR < 0.1$ 时，认为层次总排序通过一致性检验。层次总排序具有满意的一致性，否则需要重新调整那些一致性比率高的判断矩阵的元素取值。到此，根据最下层（决策层）的层次总排序做出最后决策。

综上所述，层次总排序的思路是从上到下按顺序逐层进行排序，对于最高层下面的第二层（次最高层），层次单排序就是总排序。概括起来，即建立问题的递阶层次结构、构造两两比较判断矩阵、由判断矩阵计算被比较元素的相对权重并进行一致性检验、计算各层元素的组合权重并进行一致性检验、分析结论。AHP层次总排序如图3-2所示。

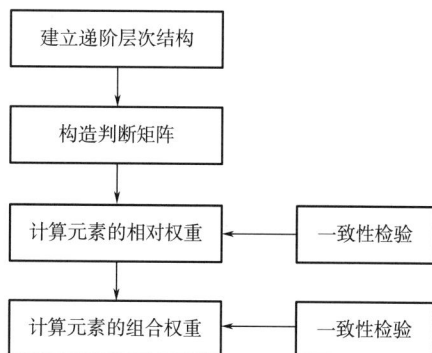

图3-2 AHP层次总排序

3.3 案例研究

3.3.1 背景描述

我国纺织企业推进绿色供应链管理,绿色供应商评价和选择是绿色供应链管理实践的关键环节之一。近年来,国内外学者进行了大量关于绿色供应商评价和选择的研究,包括从指标体系的构建到具体评价方法的采用,但具体到纺织企业关于绿色供应商评价指标权重的研究并不充分。以纺织企业为研究对象,基于国内外关于绿色供应商评价的研究成果和实践经验,构建绿色供应链下纺织企业供应商评价模型,利用AHP法计算纺织企业绿色供应商评价指标权重,为纺织企业绿色供应商评价提供技术路径,有利于提高我国纺织企业的竞争力。

3.3.2 评价指标体系的构建

为了构建一个比较全面和实际的纺织企业绿色供应商评价指标体系,梳理分析国内外有关纺织企业绿色供应商评价与选择的文献,通过对12家纺织企业和3位高校专家的问卷调查、实地调研或个人访谈,对调研数据进行了分析,构建了7个一级指标和27个二级指标的评价指标体系,如表3-4所示。

表3-4 评价指标体系

一级指标	二级指标
采购质量 C_1	质量管理体系的实施成效 C_{11}
	产品合格率 C_{12}
	质量问题处理能力 C_{13}
采购成本 C_2	产品价格 C_{21}
	运输费用 C_{22}
	综合成本 C_{23}
	价格稳定性 C_{24}
交付水平 C_3	订单完成率 C_{31}

续表

一级指标	二级指标
交付水平 C_3	交货及时性 C_{32}
	订单变更响应速度 C_{33}
企业实力 C_4	公司规模 C_{41}
	地理位置 C_{42}
	企业信誉 C_{43}
	财务状况 C_{44}
	管理情况 C_{45}
企业发展能力 C_5	柔性化制造水平 C_{51}
	智能化生产水平 C_{52}
	采购合作协同性 C_{53}
企业创新能力 C_6	新产品研发能力 C_{61}
	新产品开发率 C_{62}
	新产品贡献率 C_{63}
企业环保能力 C_7	环保节能技术 C_{71}
	废弃物的预防和处理 C_{72}
	环境管理体系实施成效 C_{73}
	生态纺织品认证 C_{74}
	环境违规记录 C_{75}
	企业绿色形象 C_{76}

3.3.3 AHP分析

（1）判断矩阵的构建

企业在选择绿色供应商时，会受到各种因素影响，为了探究每个因素对决策的影响程度，本研究利用AHP将定量分析和定性分析结合起来，建立两两比较的判断矩阵，并使用9点标度确定每级指标的相对重要性权值。

（2）矩阵一致性检验

根据问卷调查结果进行归纳总结，列出各指标两两比较矩阵，具体见表3-5～表3-12。我们以采购成本 C_2 为例进行计算。

表3-5 一级指标判断矩阵

指标	C_1	C_2	C_3	C_4	C_5	C_6	C_7	W_i	λ_{max}	CI	CR
C_1	1	1	1	2	2	3	2	0.213			
C_2	1	1	1	1	2	3	2	0.193			
C_3	1	1	1	1	2	2	2	0.182			
C_4	1/2	1	1	1	1	1	1	0.122	7.168	0.028	0.021
C_5	1/2	1/2	1/2	1	1	1	1/2	0.091			
C_6	1/3	1/3	1/2	1	1	1	1	0.089			
C_7	1/2	1/2	1/2	1	2	1	1	0.111			

表3-6 采购质量下各二级指标判断矩阵

指标	C_{11}	C_{12}	C_{13}	W_i	λ_{max}	CI	CR
C_{11}	1	1/2	1	0.24			
C_{12}	2	1	3	0.55	3.018	0.009	0.016
C_{13}	1	1/3	1	0.21			

表3-7 采购成本下各二级指标判断矩阵

指标	C_{21}	C_{22}	C_{23}	C_{24}	W_i	λ_{max}	CI	CR
C_{21}	1	1	3	3	0.384			
C_{22}	1	1	2	3	0.347	4.021	0.007	0.008
C_{23}	1/3	1/2	1	1	0.142			
C_{24}	1/3	1/3	1	1	0.128			

表3-8 交付水平下各二级指标判断矩阵

指标	C_{31}	C_{32}	C_{33}	W_i	λ_{max}	CI	CR
C_{31}	1	1	2	0.387			
C_{32}	1	1	3	0.443	3.018	0.009	0.016
C_{33}	1/2	1/3	1	0.169			

表3-9 企业实力能力下各二级指标判断矩阵

指标	C_{41}	C_{42}	C_{43}	C_{44}	C_{45}	W_i	λ_{max}	CI	CR
C_{41}	1	1	1/2	3	3	0.244			
C_{42}	1	1	1/3	3	2	0.208			
C_{43}	2	3	1	3	1	0.322	5.379	0.095	0.085
C_{44}	1/3	1/3	1/3	1	1/2	0.081			
C_{45}	1/3	1/2	1	2	1	0.145			

表3-10　企业发展能力下各二级指标判断矩阵

指标	C_{51}	C_{52}	C_{53}	W_i	λ_{max}	CI	CR
C_{51}	1	1/3	1	0.192			
C_{52}	3	1	4	0.634	3.009	0.005	0.008
C_{53}	1	1/4	1	0.174			

表3-11　企业创新能力下各二级指标判断矩阵

指标	C_{61}	C_{62}	C_{63}	W_i	λ_{max}	CI	CR
C_{61}	1	1/2	1	0.232			
C_{62}	2	1	4	0.584	3.054	0.027	0.046
C_{63}	1	1/4	1	0.184			

表3-12　企业环保能力下各二级指标判断矩阵

指标	C_{71}	C_{72}	C_{73}	C_{74}	C_{75}	C_{76}	W_i	λ_{max}	CI	CR
C_{71}	1	1/3	1/2	1/3	1	3	0.102			
C_{72}	3	1	1/2	1/4	1/2	2	0.117			
C_{73}	2	2	1	2	4	4	0.310	6.602	0.120	0.097
C_{74}	3	4	1/2	1	4	4	0.296			
C_{75}	1	2	1/4	1/4	1	4	0.123			
C_{76}	1/3	1/2	1/4	1/4	1/4	1	0.051			

①采用方根法计算权重 w。

首先，判断矩阵中每行元素连乘并开 n 次方。

$$\overline{w_1} = \sqrt[n]{\prod_{j=1}^{n} a_{1j}} = \sqrt[4]{1 \times 1 \times 3 \times 3} = 1.732, \quad \overline{w_2} = \sqrt[n]{\prod_{j=1}^{n} a_{2j}} = \sqrt[4]{1 \times 1 \times 2 \times 3} = 1.565,$$

$$\overline{w_3} = \sqrt[n]{\prod_{j=1}^{n} a_{3j}} = \sqrt[4]{\frac{1}{3} \times \frac{1}{2} \times 1 \times 1} = 0.639, \quad \overline{w_4} = \sqrt[n]{\prod_{j=1}^{n} a_{4j}} = \sqrt[4]{\frac{1}{3} \times \frac{1}{3} \times 1 \times 1} = 0.577$$

其次，计算权重。

$$w_1 = \frac{\overline{w_1}}{\sum_{i=1}^{n} \overline{w_i}} = \frac{1.732}{(1.732 + 1.565 + 0.639 + 0.577)} = 0.384,$$

$$w_2 = \frac{1.565}{(1.732 + 1.565 + 0.639 + 0.577)} = 0.347,$$

$$w_3 = \frac{0.639}{(1.732 + 1.565 + 0.639 + 0.577)} = 0.142 \ ,$$

$$w_4 = \frac{0.577}{(1.732 + 1.565 + 0.639 + 0.577)} = 0.128$$

②求最大特征根 λ_{max}。

首先，判断矩阵中每列元素求和。

$$S_1 = \sum_{i=1}^{4} a_{1j} = 1 + 1 + \frac{1}{3} + \frac{1}{3} = 2.667 \ , \ S_2 = 2.833, \ S_3 = 7.000, \ S_4 = 8.000$$

其次，计算 λ_{max}。

$$\lambda_{max} = \sum_{i=1}^{n} w_i S_i = 0.384 \times 2.667 + 0.347 \times 2.833 + 0.142 \times 7.000 + 0.128 \times 8.000 = 4.021$$

③计算一致性指标 CI。

$$CI = \frac{\lambda_{max} - n}{n - 1} = \frac{4.021 - 4}{4 - 1} = 0.007$$

④计算一致性比率 CR。根据表3-2，当 $n=4$ 时，RI 对应的值为0.90。

$$CR = \frac{CI}{RI} = \frac{0.007}{0.90} \equiv 0.008$$

（3）层次综合排序

通过以上计算分析，最终得到纺织企业绿色供应商评价指标体系的合成权重，见表3-13。

表3-13 纺织企业绿色供应商评价指标体系权重确定

准则层		方案层		总权重
评价指标	权重	评价指标	相对权重	
采购质量 C_1	0.213	质量管理体系的实施成效 C_{11}	0.240	0.051
		产品合格率 C_{12}	0.550	0.117
		质量问题处理能力 C_{13}	0.210	0.045
采购成本 C_2	0.193	产品价格 C_{21}	0.384	0.074
		运输费用 C_{22}	0.347	0.067
		综合成本 C_{23}	0.142	0.027
		价格稳定性 C_{24}	0.128	0.025

续表

准则层		方案层		总权重
评价指标	权重	评价指标	相对权重	
交付水平 C_3	0.182	订单完成率 C_{31}	0.387	0.070
		交货及时性 C_{32}	0.433	0.081
		订单变更响应速度 C_{33}	0.169	0.031
企业实力 C_4	0.122	公司规模 C_{41}	0.244	0.030
		地理位置 C_{42}	0.208	0.025
		企业信誉 C_{43}	0.322	0.039
		财务状况 C_{44}	0.081	0.010
		管理情况 C_{45}	0.145	0.018
企业发展能力 C_5	0.091	柔性化制造水平 C_{51}	0.192	0.017
		智能化生产水平 C_{52}	0.634	0.058
		采购合作协同性 C_{53}	0.174	0.016
企业创新能力 C_6	0.089	新产品研发能力 C_{61}	0.232	0.021
		新产品开发率 C_{62}	0.584	0.052
		新产品贡献率 C_{63}	0.184	0.016
企业环保能力 C_7	0.111	环保节能技术 C_{71}	0.102	0.011
		废弃物的预防和处理 C_{72}	0.117	0.013
		环境管理体系实施成效 C_{73}	0.310	0.034
		生态纺织品认证 C_{74}	0.296	0.033
		环境违规记录 C_{75}	0.123	0.014
		企业绿色形象 C_{76}	0.051	0.006

　　由表 3-13 可以看出，在准则层中，采购质量在指标体系的一级指标中所占权重值最高为 0.213，权重值最低的是企业创新能力为 0.089。由此可知，纺织企业选择绿色供应商时，最看重采购质量；而企业创新能力影响程度最弱。

　　在方案层的二级指标中，产品合格率在采购质量指标中所占权重最高为 0.550；产品价格在采购成本中所占权重最高为 0.384；交货及时性在交付水平所占权重最高为 0.433；企业信誉在企业实力所占权重最高为 0.322；智能化生产水平在企业发展能力所占权重最高为 0.634；新产品开发率在企业创新能力所占权重最高为 0.584；环境管理体系实施成效在企业环保能力所占权重最高为 0.310。在所有二级指标的影响因素中，产品合格率、交货及时性和产品价格对总目标的相对权重最高，分别为 0.117、0.081 和 0.074。

3.4 ANP概述

网络分析法（Analytic Network Process，ANP）是萨蒂于1996年针对层级分析法（AHP）要求元素与层次均相互独立的缺点而提出的改进方法。ANP保留了AHP擅长处理定量信息少、评价体系结构复杂的优点，同时考虑到了元素与层级之间的相互作用关系，取消了AHP对元素与层级均要求相互独立的假设。

ANP是一种多准则决策方法，它使研究者将所分析的系统划分为控制层与网络层，以寻找到解决问题的最佳方案。其中控制层包含总目标与决策准则，并且在实际的应用过程中也可以省略决策准则，但必须有总目标。网络层是由若干相互影响的元素组成的网状结构，并且元素组以及元素组内的元素均不要求相互独立。

3.5 ANP的基本模型和应用

3.5.1 ANP的基本模型

（1）ANP的结构

ANP模型包括控制层与网络层。控制层主要是决策目标的决策准则，这些准则中的决策能力被默认为是独立的，互相之间没有关系，只受研究目标的制约，因此，控制要素层的决策准则可以用AHP计算方法。网络层主要由控制层控制的部分组成，这些部分之间有一定程度的相互依存和反馈关系。ANP的网络构模型可用图3-3所示的一般结构表示。

网络层次分析是将元素间的相互影响实施传递的过程，对传递产生影响的是控制层，在网络层次结构中，其最高层就是控制准则层，也可以称作最高准则。其存在类型有两种：一是显准则，它可以在层次目标结构中直接实现对这个结构体系的连接，也称作连接准则；二是不能实现对这个结构的连接，也就是说无法连接到此结构中，但是，在网络中可以起到诱导作用，因而，又被称作"诱导"准则。

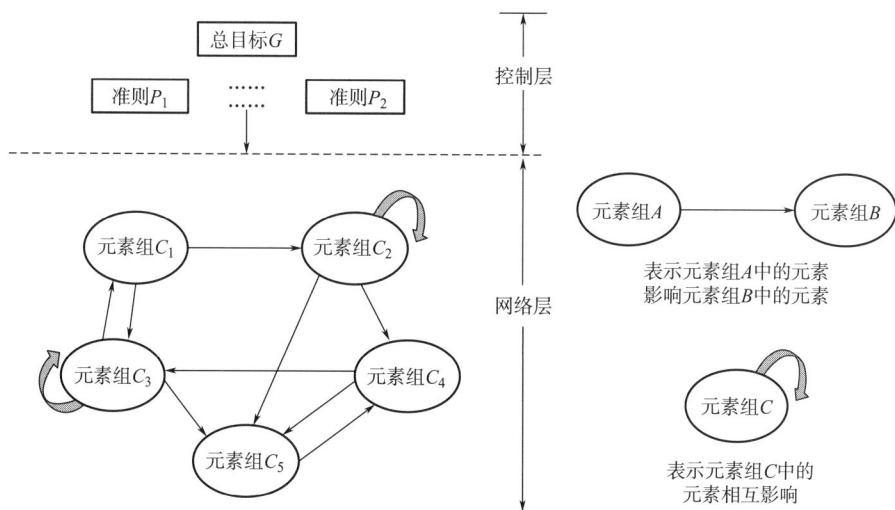

图3-3 典型ANP网络结构模型

控制层的准则以及子准则是基于最高准则下的应用因素，如成本、收益等对决策具有重大影响的要素。

网络层内包含着很多元素，它们之间没有隶属关系，也不存在独立性特征。影响网络由于存在元素的本质特征，彼此间相互不独立元素的存在，一个元素极有可能对其中任何一个元素造成影响。反过来，也有可能影响到其他元素，或者元素之间可以产生相互影响的情形，也可以对一个元素集产生影响。

（2）优势及优势度

优势度就是存在于两个元素之间相互比较的过程，如果其中有元素更容易符合准则要求或者其贡献更多，这就是元素所具有的优势度。也可以说这个元素比另一个元素更加重要。优势度包括直接优势度和间接优势度，直接优势度是指在一个准则环境下，以重要程度为原则，在不同的两个元素间进行比较，这体现了元素间的独立特性及原则。如果是给定准则，则属于间接优势范畴，其中两个元素可以对第三元素产生影响，在相比之下的结果，适用于元素之间相互依存的情况。因此，AHP一般采用直接优势度，ANP则采用间接优势度。

在ANP模型的实际应用和计算中，一般通过专家打分、调查问卷等性质来比较元素之间的重要程度，给出数值，参照表3-14，构建ANP的判断矩阵（表3-15），为后面的模型计算提供基础数据支持。

表3-14 优势度取值及具体含义

标度	含义
1	两个要素相比，同样重要
3	两个要素相比，前者比后者稍重要
5	两个要素相比，前者比后者明显重要
7	两个要素相比，前者比后者强烈重要
9	两个要素相比，前者比后者极端重要
2、4、6、8	上述相邻判断的中间值
倒数	两个要素相比，后者比前者的重要性标度

表3-15 判断矩阵

参数	p_1	p_2	$\cdots$	p_n	特征向量
p_1	a_{11}	a_{12}	$\cdots$	a_{1n}	w_1
p_2	a_{21}	a_{22}	$\cdots$	a_{2n}	w_2
$\cdots$	$\cdots$	$\cdots$	$\ddots$	$\cdots$	$\cdots$
p_n	a_{n1}	a_{n2}	$\cdots$	a_{nm}	w_3

（3）指标权重的确定及一致性检验

通过元素之间重要程度的两两比较，得出一组判断矩阵。可以利用 $AW=\lambda_{\max}W$ 求出最大特征值 $\lambda_{\max}$ 和特征向量 W。对特征向量进行归一化，最终得到相应指标的权重。由于在进行两两比较打分过程中会受到主观判断的影响，使判断很难满足完全一致，为了保证得到的结论合理，需要对其进行一致性检验。

首先计算一致性指标 CI，用来衡量判断矩阵的一致性：

$$CI = \frac{\lambda_{\max} - n}{n-1} \qquad （3-5）$$

当 $\lambda_{\max}=n$ 时，$CI=0$，则认为判断矩阵满足完全一致性；当 $CI \leqslant 0.1$ 时，则偏差在可接受的范围之内；如果 $CI > 0$，则需要重新确定判断矩阵。通常情况下，判断矩阵一致性的计算复杂度都会随着判断矩阵阶数的增加而增加，因此为了快速衡量各个判断矩阵是否都满足要求的一致性，引入检验判断矩阵一致性的平均随机一致性指标值 RI 以及相应的调整方法，如表3-16所示。

表3-16 n 阶判断矩阵的平均随机一致性指标值

n	1	2	3	4	5	6	7	8	9	10
RI	0.00	0.00	0.58	0.90	1.12	1.24	1.32	1.41	1.45	1.49

当 $n \geq 2$ 时，判断矩阵一致性指标 CI 和对应阶数的平均随机一致性指标 RI 的比值称为判断矩阵的随机一致性比率 CR：

$$CR = \frac{CI}{RI} \tag{3-6}$$

只有当判断矩阵满足 $CR \leq 0.1$ 时，才可以认为该判断矩阵具有满意的随机一致性，即表示专家对元素相对重要性的评价以及最终权重的计算结果较为合理；否则，需要重新调整各个判断矩阵，直至达到满意的一致性。

（4）构建超矩阵和加权超矩阵

假设网络层次分析法的网络层由维度 B_1，B_2，$\cdots$，B_n 所构成，其中 B_i 有 m 个指标，即 a_{ij} 以控制层的指标 B_i 为准则，将 C_{i1}，C_{i2}，$\cdots$，C_{im} 进行两两比较，构建如表 3-17 所示的判断矩阵。

表 3-17　判断矩阵

B_i	C_{i1}	C_{i2}	$\cdots$	C_{im}	特征向量
C_{i1}	a_{11}	a_{12}	$\cdots$	a_{1m}	W_{i1}
C_{i2}	a_{21}	a_{22}	$\cdots$	a_{2m}	W_{i2}
$\cdots$	$\cdots$	$\cdots$	$\ddots$	$\cdots$	$\cdots$
C_{im}	a_{m1}	a_{m2}	$\cdots$	a_{nm}	W_{im}

当上述特征向量满足一致性检验时，归一化的特征向量即为指标的权重，将归一化的特征向量构造成矩阵 W_{ij}，并将所有相互影响指标的 W_{ij} 组合形成超矩阵 W。

$$W_{ij} = \begin{pmatrix} W_{i1}^{(j1)} & W_{i1}^{(j2)} & \cdots & W_{i1}^{(jn)} \\ W_{i2}^{(j1)} & W_{i1}^{(j2)} & \cdots & W_{i1}^{(jn)} \\ \cdots & \cdots & \ddots & \cdots \\ W_{in}^{(j1)} & W_{i1}^{(j2)} & \cdots & W_{i1}^{(jn)} \end{pmatrix}$$

$$W = \begin{pmatrix} W_{11} & W_{12} & \cdots & W_{1n} \\ W_{21} & W_{22} & \cdots & W_{2n} \\ \cdots & \cdots & \ddots & \cdots \\ W_{n1} & W_{n2} & \cdots & W_{nn} \end{pmatrix}$$

将准则层的判断矩阵的特征向量归一化后，组合起来就构成了加权矩阵 B，具体如式（3-7）所示，再乘上超矩阵 W，即为加权超矩阵 $\overline{W}$。

$$B = \begin{bmatrix} B_{11} & B_{12} & \cdots & B_{1n} \\ B_{21} & B_{22} & \cdots & B_{2n} \\ \cdots & \cdots & \ddots & \cdots \\ B_{n1} & B_{n2} & \cdots & B_{nn} \end{bmatrix} \tag{3-7}$$

$$\overline{W} = BW \tag{3-8}$$

（5）极限超矩阵的计算

根据公式，求得超矩阵的 k 次方，直到矩阵各列向量保持不变，得到极限超矩阵。当极限值收敛且唯一，则第 j 列为对应的权重。

$$\lim_{k \to \infty} \overline{w}^k = \lim_{k \to \infty} \left(\frac{1}{N} \right) \sum_{k=1}^{N} \overline{W} \tag{3-9}$$

3.5.2　ANP的应用步骤

（1）对问题进行研究

对需要解决的问题进行分析，可以以文献研究或者案例实证研究为基础，通过专家访谈、调查问卷、参考规范准则等方法，对其中的影响因素进行确定，构成因素组，并根据元素层次之间的关系分析其独立性情况，对其中的反馈及依存关系进行探讨。

（2）ANP结构的建立

以对问题的分析为基础，界定其决策准侧，对其控制层次进行构建，这就是ANP递阶层次结构，对决策目标及准则、子准则进行设定。如果准则数目超过两个，它们对下实现着对网络结构的控制，对上则属于目标。控制层确定后，再构造网络层次，归类确定每一个因素集，分析确定内部依存影响关系。

（3）构造ANP的超矩阵计算权重

在确定ANP的网络结构后，需要进行数据分析，通过两两比较构造判断矩阵，并且对ANP加权超矩阵、初始超矩阵、ANP极限超矩阵进行计算，以此获得极限排序权重，并借此机会计算某一个层次或元素组的标准化权重。

（4）结果分析

网络层次分析法得出的结果是整个网络结构内各因素、各层次的标准化权重关系。以对各元素的评分为基础，利用权重之间的相关，对综合评价价值进行计算，并根据权重情况，进行各层次间重要性的比较，系统某层次的评分值也是由权重关系确定的。

3.5.3　ANP的实现——超级决策软件

网络层次分析法的超级决策软件（Super Decision，SD）是由美国Expert Choice公司研发的，该软件实现了由萨蒂教授提出的网络层次分析法。SD软件可以构造具有依存和反馈的决策模型，并利用网络层次分析法的超矩阵计算得到结果，最后对结果决策背景进行分析。

3.6 案例分析

M集团成立于1995年，主要研发、生产、销售休闲系列服装，M集团旗下品牌的竞争优势主要包括潮流的设计以及平民化的市场售价，长期得到大量年轻群体的支持。M快时尚服装品牌（以下简称M品牌）是M集团旗下的主打品牌，消费群体主要为16～25岁的学生群体。其致力于打造"一个年轻活力的领导品牌、流行时尚的产品、大众化的价格"，带给消费群体个性时尚的品牌服饰。近年来受消费群体的改变以及国内外快时尚服装品牌挤压等多重因素的影响，M品牌开店数量锐减，使M品牌陷入了拥有较高的品牌知名度，但却无法转化为品牌忠诚度的尴尬局面，品牌竞争力大不如前。因此，本研究选取M品牌作为案例研究对象，分析M品牌当前阶段提升品牌竞争力应重点关注的要素。

3.6.1 影响因素关联分析

M品牌的品牌竞争力影响因素包括23个因素，即服装质量P_1、服装时尚性P_2、服装价格P_3、款式丰富度P_4、服务水平P_5、产品创新C_1、技术创新C_2、供应链运营C_3、零售终端管理C_4、全渠道融合C_5、信息化水平C_6、品牌忠诚度M_1、品牌定位M_2、品牌推广M_3、零售渠道M_4、市场需求M_5、市场竞争M_6、人力资源S_1、资金资源S_2、企业文化S_3、企业社会责任S_4、人文环境S_5、经济环境S_6。

3.6.2 基于ANP的影响因素重要性分析

（1）ANP网络模型的构建

将M品牌的品牌竞争力影响因素划分为八个层级，再进一步分为表层、中层、深层因素。其中表层、中层因素是M品牌提升品牌竞争力最快速、直接、有效的依靠，也属于品牌企业可以控制和改进的范畴。因此本节将重点考虑表层、中层因素对M品牌的影响。与此同时，结合M品牌的实际运营情况，本节将优质产品战略以及强势品牌战略两种打造品牌的基本战略加入ANP网络模型中。

本节构造的品牌竞争力ANP网络模型的控制层只包含目标，即快时尚服装品牌竞争力，不包含准则。网络层由品牌产品P、品牌能力C、品牌市场M、品牌支撑S、竞争战略T五个元素组构成。品牌产品P包括服装质量P_1、服装时尚性P_2、服装价格P_3、款式丰富度P_4、服务水平P_5；品牌能力C包括产品创新C_1、技术创新C_2、供应链运营C_3、零售终端管理C_4、全渠道融合C_5、信息化水平C_6；品牌市场M包括品牌忠诚度M_1、品牌定位M_2、品牌推广M_3、零售渠道M_4；品牌支撑S包括人力资源S_1、资金资源S_2、企业文化S_3、企业社会责任S_4；竞争战略T包括优质产品战略T_1、强势品牌战略T_2。由因素间的相互关系可得到影响因素ANP模型中网络层的关系。由ISM的邻接矩阵可确定因素间的相互关系（表3-18），其中竞争战略T对所有因素均产生影响，而所有因素也影响到竞争战略T的执行。由因素间的相互关系可得到影响因素ANP模型中网络层的关系。M品牌的品牌竞争力影响因素ANP网络模型如图3-4所示。

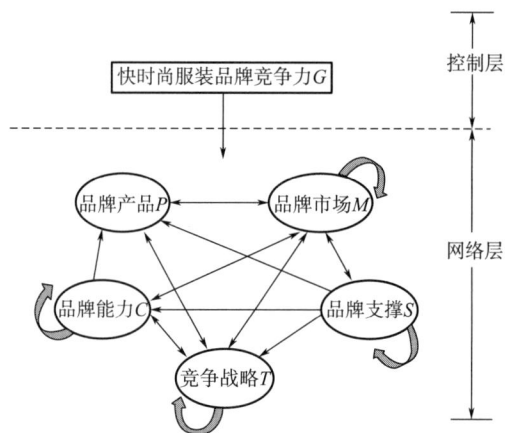

图3-4 案例品牌的品牌竞争力影响因素ANP网络模型

（2）两两比较判断矩阵的构造

构造两两比较判断矩阵时，只需对表3-18中存在影响关系的因素进行比较。本节邀请ISM模型分析中涉及的11名中高层员工参与，各成员独立对两两比较判断矩阵进行打分，进而通过加权处理的方式得到两两比较判断矩阵的最终分值。根据已构建的品牌竞争力影响因素ANP网络模型，本案例涉及的两两比较判断矩阵包括元素组间和元素间的比较矩阵。

元素组间的比较矩阵以控制层的目标即快时尚服装品牌竞争力为主准则，以每个元素组为次准则，对相关元素组相对次准则的重要性构造比较矩阵，利用SD软件计算权重与一致性程度CR值，具体结果见表3-19~表3-23。表3-24为SD软件计算得到的元素组加权矩阵。

表3-18 品牌的品牌竞争力影响因素相互关系

因素	T_1	T_2	P_1	P_2	P_3	P_4	P_5	C_1	C_2	C_3	C_4	C_5	C_6	M_1	M_2	M_3	M_4	S_1	S_2	S_3	S_4
T_1	0	1	1	1	1	1	1	1	1	1	1	1	1	1	1	1	1	1	1	1	1
T_2	1	0	1	1	1	1	1	1	1	1	1	1	1	1	1	1	1	1	1	1	1
P_1	1	1	0	0	0	0	0	0	0	0	0	0	0	1	0	0	0	0	0	0	0
P_2	1	1	0	0	0	0	0	0	0	0	0	0	0	1	0	0	0	0	0	0	0
P_3	1	1	0	0	0	0	0	0	0	0	0	0	0	1	0	0	0	0	0	0	0
P_4	1	1	0	0	0	0	0	0	0	0	0	0	0	1	0	0	0	0	0	0	0
P_5	1	1	0	0	0	0	0	0	0	0	0	0	0	1	0	0	0	0	0	0	0
C_1	1	1	1	1	1	1	0	0	0	0	0	0	0	0	0	0	0	0	0	0	0
C_2	1	1	0	0	0	0	0	1	0	1	1	1	1	0	0	0	0	0	0	0	0
C_3	1	1	0	1	1	1	1	0	0	0	0	1	1	0	0	0	0	0	0	0	0
C_4	1	1	0	0	1	0	1	0	0	0	0	1	1	0	1	0	0	0	0	0	0
C_5	1	1	0	0	0	0	1	0	0	0	0	0	0	0	0	0	0	0	0	0	0
C_6	1	1	0	0	0	0	1	0	0	0	0	0	0	0	0	0	0	0	0	0	0
M_1	1	1	0	0	0	0	0	0	0	0	0	0	0	0	0	0	0	0	0	0	0
M_2	1	1	1	1	1	1	1	0	0	0	0	0	0	0	0	1	0	0	0	1	1
M_3	1	1	0	0	0	0	0	0	0	0	0	0	0	1	0	0	0	0	0	0	0
M_4	1	1	0	0	0	0	1	0	0	0	0	1	0	0	0	1	0	0	0	0	0
S_1	1	1	0	0	0	0	0	1	1	1	1	0	0	0	0	0	0	0	1	1	0
S_2	1	1	0	0	0	0	0	1	1	1	1	1	0	0	0	0	0	1	0	0	0
S_3	1	1	0	0	0	0	0	1	1	0	0	0	0	0	0	1	0	0	1	0	0
S_4	1	1	0	0	0	0	0	0	0	0	0	0	1	0	0	0	0	0	0	0	0

表3-19 以品牌产品 P 为次准则的元素组之间的两两比较判断矩阵（CR=0.06175）

P	C	M	S	T	权重
C	1	3	4	3	0.50256
M	1/3	1	4	3	0.28518
S	1/4	1/4	1	1	0.09825
T	1/3	1/3	1	1	0.11401

表3-20 以品牌能力 C 为次准则的元素组之间的两两比较判断矩阵（CR=0.07854）

C	C	M	S	T	权重
C	1	8	4	5	0.59612
M	1/8	1	1/6	1/4	0.04492
S	1/4	6	1	3	0.24082
T	1/5	4	1/3	1	0.11814

表3-21　以品牌市场M为次准则的元素组之间的两两比较判断矩阵（$CR=0.07921$）

M	P	C	M	S	T	权重
P	1	2	1/2	4	3	0.29895
C	1/2	1	1/2	3	1	0.16044
M	2	2	1	2	1	0.28673
S	1/4	1/3	1/2	1	1/3	0.07598
T	1/3	1	1	3	1	0.17791

表3-22　以品牌支撑S为次准则的元素组之间的两两比较判断矩阵（$CR=0.00532$）

S	M	S	T	权重
M	1	1/5	1/4	0.10050
S	5	1	1	0.46647
T	4	1	1	0.43303

表3-23　以竞争战略T为次准则的元素组之间的两两比较判断矩阵（$CR=0.08241$）

T	P	C	M	S	T	权重
P	1	1/2	1/3	6	1/4	0.13012
C	2	1	1/2	3	1/5	0.14912
M	3	2	1	4	1	0.29062
S	1/6	1/3	1/4	1	1/5	0.05035
T	4	5	1	5	1	0.37978

表3-24　元素组之间的加权矩阵

元素	P	C	M	S	T
P	0.00000	0.00000	0.29895	0.00000	0.13012
C	0.50257	0.59612	0.16044	0.00000	0.14912
M	0.28518	0.04492	0.28673	0.10050	0.29062
S	0.09825	0.24082	0.07598	0.46647	0.05035
T	0.11401	0.11814	0.17791	0.43303	0.37978

元素间两两比较以某元素为次准则，分析该组内的相关元素或其他组内相关元素对该元素的重要性程度。由表3-18可以看出，本案例涉及的元素间两两比较判断次数较多，碍于文章篇幅的限制，不在此一一展示，仅以品牌产品维度P下的服务水平P_5为示例（表3-25～表3-27），其他元素的两两比较判断矩阵的构造依据如表3-18所示的关系依次进行赋值，利用SD软件计算权重与一致性程度CR值。

表3-25　服务水平 P_5 下的品牌能力 C 维度因素重要性比较（CR=0.00000）

P_5	C_3	C_4	C_5	权重
C_3	1	2	2	0.20000
C_4	1/2	1	1	0.40000
C_5	1/2	1	1	0.40000

表3-26　服务水平 P_5 下的品牌市场 M 维度因素重要性比较（CR=0.00000）

P_5	M_2	M_4	权重
M_2	1	1/4	0.200
M_4	4	1	0.800

表3-27　服务水平 P_5 下的竞争战略 T 维度因素重要性比较（CR=0.00000）

P_5	T_1	T_2	权重
T_1	1	1/3	0.2500
T_2	3	1	0.7500

（3）未加权超矩阵

在 SD 软件中输入两两比较判断矩阵的数值后就能直接计算得出 M 品牌的品牌竞争力影响因素未加权超矩阵，如表 3-28 所示。未加权超矩阵反映了某一元素组中的元素对作为次准则的元素的重要性，没有影响则值为 0。

以服装时尚性 P_2 为例，产品创新 C_1 对服装时尚性 P_2 的重要性程度只能同品牌能力 C 内的供应链运营 C_3 比较，并且对比可以知道产品创新 C_1 比供应链运营 C_3 重要，但却无法和跨组的品牌定位 M_2 比较。

（4）加权超矩阵

将元素组之间的加权矩阵与未加权超矩阵相乘即能得到加权超矩阵，如表 3-29 所示。加权超矩阵反映了各元素对作为次准则的元素的重要性程度，重要性程度可以跨组比较。

以服务水平 P_5 为例，从表中可以看出，所有对服务水平 P_5 产生影响的因素中，对其影响最大的是零售渠道 M_4，供应链运营 C_3 影响最弱。

（5）极限超矩阵

加权超矩阵表示的是某元素对作为次准则元素的直接优势，而各因素之间往往存在复杂的间接关系。通过对加权超矩阵迭代计算进行稳定性处理，可以得到极限超矩阵。详细极限超矩阵见表 3-30。极限超矩阵每列反映的是全部指标对总目标的重要性程度。

表3-28 未加权超矩阵

因素	T_1	T_2	P_1	P_2	P_3	P_4	P_5	C_1	C_2	C_3	C_4	C_5	C_6	M_1	M_2	M_3	M_4	S_1	S_2	S_3	S_4
T_1	0.0000	1.0000	0.8333	0.7500	0.3333	0.6667	0.2500	0.8000	0.6667	0.6667	0.2000	0.1667	0.6667	0.7500	0.6667	0.2500	0.2000	0.6667	0.7500	0.6667	0.3333
T_2	1.0000	0.0000	0.1667	0.2500	0.6667	0.3333	0.7500	0.2000	0.3333	0.3333	0.8000	0.8333	0.3333	0.2500	0.3333	0.7500	0.8000	0.3333	0.2500	0.3333	0.6667
P_1	0.3096	0.0936	0.0000	0.0000	0.0000	0.0000	0.0000	0.0000	0.0000	0.0000	0.0000	0.0000	0.0000	0.1645	0.0000	0.0000	0.0000	0.0000	0.0000	0.0000	0.0000
P_2	0.3624	0.4045	0.0000	0.0000	0.0000	0.0000	0.0000	0.0000	0.0000	0.0000	0.0000	0.0000	0.0000	0.4099	0.0000	0.0000	0.0000	0.0000	0.0000	0.0000	0.0000
P_3	0.1833	0.2723	0.0000	0.0000	0.0000	0.0000	0.0000	0.0000	0.0000	0.0000	0.0000	0.0000	0.0000	0.2545	0.0000	0.0000	0.0000	0.0000	0.0000	0.0000	0.0000
P_4	0.0881	0.0476	0.0000	0.0000	0.0000	0.0000	0.0000	0.0000	0.0000	0.0000	0.0000	0.0000	0.0000	0.0710	0.0000	0.0000	0.0000	0.0000	0.0000	0.0000	0.0000
P_5	0.0567	0.1821	0.0000	0.0000	0.0000	0.0000	0.0000	0.0000	0.0000	0.0000	0.0000	0.0000	0.0000	0.1000	0.0000	0.0000	0.0000	0.0000	0.0000	0.0000	0.0000
C_1	0.4207	0.1355	1.0000	0.8571	0.7286	0.8000	0.0000	0.0000	0.0000	0.6667	0.6667	0.0000	0.0000	0.0000	0.0000	0.0000	0.0000	0.0000	0.0000	0.0000	0.0000
C_2	0.2212	0.0715	0.0000	0.0000	0.0000	0.0000	0.2000	0.1172	0.0000	0.3333	0.3333	0.1399	0.5000	0.0000	0.0000	0.0000	0.0000	0.0000	0.0000	0.0000	0.0000
C_3	0.0928	0.1589	0.0000	0.1429	0.1626	0.2000	0.4000	0.0000	0.0000	0.0000	0.0000	0.3743	0.2500	0.0000	0.0000	0.3333	0.0000	0.0000	0.0000	0.0000	0.0000
C_4	0.0477	0.4272	0.0000	0.0000	0.1088	0.0000	0.4000	0.6144	0.0000	0.0000	0.0000	0.3686	0.2500	0.0000	0.0000	0.0000	0.0000	0.0000	0.0000	0.0000	0.0000
C_5	0.0373	0.1545	0.0000	0.0000	0.0000	0.0000	0.0000	0.0000	0.0000	0.0000	0.0000	0.0000	0.0000	0.0000	0.0000	0.6667	0.0000	0.0000	0.0000	0.0000	0.0000
C_6	0.1803	0.0524	0.0000	0.0000	0.0000	0.0000	0.0000	0.2684	0.0000	0.0000	0.0000	0.1172	0.0000	0.0000	0.0000	0.0000	0.0000	0.0000	0.0000	0.0000	0.0000
M_1	0.5528	0.3935	0.0000	0.0000	0.0000	1.0000	0.2000	1.0000	0.0000	0.0000	0.0000	0.0000	0.0000	0.0000	1.0000	0.0000	0.0000	0.0000	0.0000	0.0000	0.0000
M_2	0.2319	0.0942	1.0000	1.0000	1.0000	0.0000	0.0000	0.0000	1.0000	0.0000	0.0000	0.0000	0.0000	0.0000	0.0000	0.3333	0.0000	0.0000	0.0000	1.0000	0.0000
M_3	0.1509	0.3565	0.0000	0.0000	0.0000	0.0000	0.8000	0.0000	0.0000	0.0000	0.0000	0.0000	0.0000	0.0000	0.0000	0.0000	1.0000	0.0000	0.0000	0.0000	0.0000
M_4	0.0643	0.1558	0.0000	0.0000	0.0000	0.0000	0.0000	0.0000	0.0000	0.0000	0.0000	0.0000	0.0000	0.0000	0.0000	0.6667	0.0000	0.0000	0.0000	0.0000	0.0000
S_1	0.4802	0.3241	0.0000	0.0000	0.0000	0.0000	1.0000	0.5769	0.5769	0.2500	0.7500	1.0000	1.0000	0.0000	0.0000	0.0000	0.3333	0.0000	1.0000	0.0000	0.0000
S_2	0.3705	0.5078	0.0000	0.0000	0.0000	0.0000	0.0000	0.3420	0.3420	0.7500	0.2500	0.0000	0.0000	0.0000	0.0000	0.0000	0.6667	0.8750	0.0000	0.0000	0.0000
S_3	0.0976	0.0656	0.0000	0.0000	0.0000	0.0000	0.0000	0.0811	0.0811	0.0000	0.0000	0.0000	0.0000	0.0000	0.0000	0.0000	0.0000	0.1250	0.0000	0.0000	0.0000
S_4	0.0517	0.1025	0.0000	0.0000	0.0000	0.0000	0.0000	0.0000	0.0000	0.0000	0.0000	0.0000	0.0000	1.0000	0.0000	0.0000	0.0000	0.0000	0.0000	0.0000	0.0000

表3-29　加权超矩阵

因素	T₁	T₂	P₁	P₂	P₃	P₄	P₅	C₁	C₂	C₃	C₄	C₅	C₆	M₁	M₂	M₃	M₄	S₁	S₂	S₃	S₄
T₁	0.0000	0.3798	0.1054	0.0948	0.0421	0.0843	0.0285	0.0945	0.1950	0.0825	0.0247	0.0197	0.0825	0.1589	0.4672	0.0634	0.0658	0.3209	0.3611	0.2887	0.2705
T₂	0.3798	0.0000	0.0211	0.0316	0.0843	0.0421	0.0855	0.0236	0.0975	0.0412	0.0990	0.0985	0.0412	0.0530	0.2336	0.1903	0.2633	0.1605	0.1204	0.1443	0.5411
P₁	0.0403	0.0122	0.0000	0.0000	0.0000	0.0000	0.0000	0.0000	0.0000	0.0000	0.0000	0.0000	0.0000	0.0586	0.0000	0.0000	0.0000	0.0000	0.0000	0.0000	0.0000
P₂	0.0472	0.0526	0.0000	0.0000	0.0000	0.0000	0.0000	0.0000	0.0000	0.0000	0.0000	0.0000	0.0000	0.1460	0.0000	0.0000	0.0000	0.0000	0.0000	0.0000	0.0000
P₃	0.0238	0.0354	0.0000	0.0000	0.0000	0.0000	0.0000	0.0000	0.0000	0.0000	0.0000	0.0000	0.0000	0.0906	0.0000	0.0000	0.0000	0.0000	0.0000	0.0000	0.0000
P₄	0.0115	0.0062	0.0000	0.0000	0.0000	0.0000	0.0000	0.0000	0.0000	0.0000	0.0000	0.0000	0.0000	0.0253	0.0000	0.0000	0.0000	0.0000	0.0000	0.0000	0.0000
P₅	0.0074	0.0237	0.0000	0.0000	0.0000	0.0000	0.0000	0.0000	0.0000	0.0000	0.0000	0.0000	0.0000	0.0356	0.0000	0.0000	0.0000	0.0000	0.0000	0.0000	0.0000
C₁	0.0627	0.0202	0.5573	0.4777	0.4061	0.4459	0.0000	0.0699	0.0000	0.2081	0.2081	0.0834	0.3121	0.0000	0.0000	0.0000	0.0000	0.0000	0.0000	0.0000	0.0000
C₂	0.0330	0.0107	0.0000	0.0000	0.0000	0.0000	0.0000	0.0000	0.0000	0.0000	0.0000	0.2231	0.1560	0.0000	0.0000	0.0000	0.0000	0.0000	0.0000	0.0000	0.0000
C₃	0.0138	0.0237	0.0000	0.0796	0.0906	0.1115	0.1005	0.3663	0.0000	0.0000	0.0000	0.2198	0.1560	0.0000	0.0000	0.0000	0.0000	0.0000	0.0000	0.0000	0.0000
C₄	0.0071	0.0637	0.0000	0.0000	0.0607	0.0000	0.2010	0.0000	0.0000	0.0000	0.0000	0.4161	0.0000	0.0000	0.0000	0.0763	0.0000	0.0000	0.0000	0.0000	0.0000
C₅	0.0056	0.0230	0.0000	0.0000	0.0000	0.0000	0.2010	0.1600	0.0000	0.0000	0.4161	0.0698	0.0000	0.0000	0.0000	0.1526	0.0000	0.0000	0.0000	0.0000	0.0000
C₆	0.0269	0.0078	0.0000	0.0000	0.0000	0.0000	0.0000	0.0000	0.0000	0.4161	0.0000	0.0000	0.0000	0.0000	0.0000	0.0000	0.0000	0.0000	0.0000	0.0000	0.0000
M₁	0.1607	0.1144	0.0000	0.0000	0.0000	0.0000	0.0000	0.0449	0.1112	0.0000	0.0000	0.0000	0.0000	0.0000	0.0000	0.0000	0.0000	0.0000	0.0000	0.1005	0.0000
M₂	0.0674	0.0274	0.3163	0.3163	0.3163	0.3163	0.0570	0.0000	0.0000	0.0000	0.0000	0.0000	0.0000	0.3415	0.0000	0.1363	0.5304	0.0000	0.0000	0.0000	0.1884
M₃	0.0439	0.1036	0.0000	0.0000	0.0000	0.0000	0.0000	0.0000	0.0000	0.0000	0.0000	0.0449	0.0000	0.0000	0.0000	0.0000	0.0000	0.0000	0.0000	0.0000	0.0000
M₄	0.0187	0.0453	0.0000	0.0000	0.0000	0.0000	0.2281	0.1389	0.3440	0.0000	0.0000	0.0000	0.0000	0.0000	0.0000	0.2727	0.0000	0.0000	0.0000	0.0000	0.0000
S₁	0.0242	0.0163	0.0000	0.0000	0.0000	0.0000	0.0983	0.0824	0.2039	0.0630	0.1891	0.2408	0.2522	0.0000	0.0000	0.0542	0.0469	0.4538	0.0000	0.0000	0.0000
S₂	0.0187	0.0256	0.0000	0.0000	0.0000	0.0000	0.0000	0.0195	0.0484	0.1891	0.0630	0.0000	0.0000	0.0000	0.2993	0.0542	0.0937	0.0648	0.5186	0.4665	0.0000
S₃	0.0049	0.0033	0.0000	0.0000	0.0000	0.0000	0.0000	0.0000	0.0000	0.0000	0.0000	0.0000	0.0000	0.0000	0.0000	0.0000	0.0000	0.0000	0.0000	0.0000	0.0000
S₄	0.0026	0.0052	0.0000	0.0000	0.0000	0.0000	0.0000	0.0000	0.0000	0.0000	0.0000	0.0000	0.0000	0.0905	0.0000	0.0000	0.0000	0.0000	0.0000	0.0000	0.0000

表3-30 极限超矩阵

因素	T_1	T_2	P_1	P_2	P_3	P_4	P_5	C_1	C_2	C_3	C_4	C_5	C_6	M_1	M_2	M_3	M_4	S_1	S_2	S_3	S_4
T_1	0.1950	0.1950	0.1950	0.1950	0.1950	0.1950	0.1950	0.1950	0.1950	0.1950	0.1950	0.1950	0.1950	0.1950	0.1950	0.1950	0.1950	0.1950	0.1950	0.1950	0.1950
T_2	0.1544	0.1544	0.1544	0.1544	0.1544	0.1544	0.1544	0.1544	0.1544	0.1544	0.1544	0.1544	0.1544	0.1544	0.1544	0.1544	0.1544	0.1544	0.1544	0.1544	0.1544
P_1	0.0126	0.0126	0.0126	0.0126	0.0126	0.0126	0.0126	0.0126	0.0126	0.0126	0.0126	0.0126	0.0126	0.0126	0.0126	0.0126	0.0126	0.0126	0.0126	0.0126	0.0126
P_2	0.0245	0.0245	0.0245	0.0245	0.0245	0.0245	0.0245	0.0245	0.0245	0.0245	0.0245	0.0245	0.0245	0.0245	0.0245	0.0245	0.0245	0.0245	0.0245	0.0245	0.0245
P_3	0.0146	0.0146	0.0146	0.0146	0.0146	0.0146	0.0146	0.0146	0.0146	0.0146	0.0146	0.0146	0.0146	0.0146	0.0146	0.0146	0.0146	0.0146	0.0146	0.0146	0.0146
P_4	0.0057	0.0057	0.0057	0.0057	0.0057	0.0057	0.0057	0.0057	0.0057	0.0057	0.0057	0.0057	0.0057	0.0057	0.0057	0.0057	0.0057	0.0057	0.0057	0.0057	0.0057
P_5	0.0068	0.0068	0.0068	0.0068	0.0068	0.0068	0.0068	0.0068	0.0068	0.0068	0.0068	0.0068	0.0068	0.0068	0.0068	0.0068	0.0068	0.0068	0.0068	0.0068	0.0068
C_1	0.0420	0.0420	0.0420	0.0420	0.0420	0.0420	0.0420	0.0420	0.0420	0.0420	0.0420	0.0420	0.0420	0.0420	0.0420	0.0420	0.0420	0.0420	0.0420	0.0420	0.0420
C_2	0.0369	0.0369	0.0369	0.0369	0.0369	0.0369	0.0369	0.0369	0.0369	0.0369	0.0369	0.0369	0.0369	0.0369	0.0369	0.0369	0.0369	0.0369	0.0369	0.0369	0.0369
C_3	0.0397	0.0397	0.0397	0.0397	0.0397	0.0397	0.0397	0.0397	0.0397	0.0397	0.0397	0.0397	0.0397	0.0397	0.0397	0.0397	0.0397	0.0397	0.0397	0.0397	0.0397
C_4	0.0408	0.0408	0.0408	0.0408	0.0408	0.0408	0.0408	0.0408	0.0408	0.0408	0.0408	0.0408	0.0408	0.0408	0.0408	0.0408	0.0408	0.0408	0.0408	0.0408	0.0408
C_5	0.0123	0.0123	0.0123	0.0123	0.0123	0.0123	0.0123	0.0123	0.0123	0.0123	0.0123	0.0123	0.0123	0.0123	0.0123	0.0123	0.0123	0.0123	0.0123	0.0123	0.0123
C_6	0.0392	0.0392	0.0392	0.0392	0.0392	0.0392	0.0392	0.0392	0.0392	0.0392	0.0392	0.0392	0.0392	0.0392	0.0392	0.0392	0.0392	0.0392	0.0392	0.0392	0.0392
M_1	0.0490	0.0490	0.0490	0.0490	0.0490	0.0490	0.0490	0.0490	0.0490	0.0490	0.0490	0.0490	0.0490	0.0490	0.0490	0.0490	0.0490	0.0490	0.0490	0.0490	0.0490
M_2	0.0639	0.0639	0.0639	0.0639	0.0639	0.0639	0.0639	0.0639	0.0639	0.0639	0.0639	0.0639	0.0639	0.0639	0.0639	0.0639	0.0639	0.0639	0.0639	0.0639	0.0639
M_3	0.0413	0.0413	0.0413	0.0413	0.0413	0.0413	0.0413	0.0413	0.0413	0.0413	0.0413	0.0413	0.0413	0.0413	0.0413	0.0413	0.0413	0.0413	0.0413	0.0413	0.0413
M_4	0.0240	0.0240	0.0240	0.0240	0.0240	0.0240	0.0240	0.0240	0.0240	0.0240	0.0240	0.0240	0.0240	0.0240	0.0240	0.0240	0.0240	0.0240	0.0240	0.0240	0.0240
S_1	0.0873	0.0873	0.0873	0.0873	0.0873	0.0873	0.0873	0.0873	0.0873	0.0873	0.0873	0.0873	0.0873	0.0873	0.0873	0.0873	0.0873	0.0873	0.0873	0.0873	0.0873
S_2	0.0763	0.0763	0.0763	0.0763	0.0763	0.0763	0.0763	0.0763	0.0763	0.0763	0.0763	0.0763	0.0763	0.0763	0.0763	0.0763	0.0763	0.0763	0.0763	0.0763	0.0763
S_3	0.0295	0.0295	0.0295	0.0295	0.0295	0.0295	0.0295	0.0295	0.0295	0.0295	0.0295	0.0295	0.0295	0.0295	0.0295	0.0295	0.0295	0.0295	0.0295	0.0295	0.0295
S_4	0.0044	0.0044	0.0044	0.0044	0.0044	0.0044	0.0044	0.0044	0.0044	0.0044	0.0044	0.0044	0.0044	0.0044	0.0044	0.0044	0.0044	0.0044	0.0044	0.0044	0.0044

思考题

1. 层次分析法的计算过程。

2. 某地区要设计一个最优生鲜农产品流通模式，现有三个拟订方案。A_1：农产品产地—产地批发市场—销地批发市场—消费者；A_2：农产品产地—产地批发市场—销地批发市场—农贸市场—消费者；A_3：农业合作社—第三方物流企业—超市—消费者（假设农产品的产地和销地不在同一个地区）。考察的影响因素有自然属性、经济价值、基础设施、政府政策。请设计一个选择某种方案的方法。

3. 结合自己所熟悉的情况，用层次分析法解决一个实际问题，例如，学校和班级在评优过程中，要确定什么样的因素作为自己的考量标准。构造结构模型，并计算相关结果。

第 4 章
WSM 法和 WPM 法

本章知识点

1. 加权和法的概念、特点及计算步骤

2. 加权积法的概念、特点及计算步骤

4.1 WSM——线性加权集结方式

加权和法（Weighted Sum Model，WSM）是传统多属性决策分析方法的基础，层次分析法 AHP、接近理想点法 TOPSIS 等均基于加权和法。

4.1.1 WSM 的决策过程

WSM 的决策过程包括以下步骤：

一是对决策矩阵进行预处理，即进行标准化或称规范化处理，使本来不可比的各个指标间具有可比性，得到规范化矩阵 $\boldsymbol{R}=(r_{ij})_{m \times n}(i=1, 2, \cdots, m; j=1, 2, \cdots, n)$。

二是确定各属性的权重系数 $w_j (j=1, 2, \cdots, n)$。

三是通过加权法，综合评价各个方案。采用下式计算方案的评价值来表达总体偏好程度：

$$C_i = \sum_{j=1}^{n} w_j \cdot r_{ij} \qquad (4-1)$$

式中：w_j 为备选方案第 j 个属性的权重；r_{ij} 为第 i 个方案在第 j 个属性的评价值。C_i 数值越大，方案总体表现越优。

4.1.2 WSM 的特点

加权法的优点：使用简单、直观、明了，是人们经常使用的多属性决策评价方法。采用加权和法的关键在于确定指标体系，并且设定各最低层指标的权重系数。有了指标体系，就可以设法利用统计数据或专家打分给出属性值表；有了权重系数，具体的计算和排序就变得相当简单。但是在实际评估、决策的过程中，通常需要花费相当多的精力和时间用来确定指标体系和设定权重系数。

加权和法的缺点：指标体系为树状结构；每个属性的边际价值是线性的（优劣与属性值大小成比例），每两个属性价值都是相互独立的；属性间的完全可补偿性，即一个方案的某个属性无论多差都可用其他相对较好的属性来补偿。

事实上，以上这些假设往往不成立。首先，指标体系通常是网状的。其次，属性的边际价值通常是局部线性的，甚至有时最优值为给定区间（或一个点）；属性间的价值也极难满足独立性条件，即使满足独立性，有时也极难验证。最后，属性间通常只是部分地、有条件地可补偿。因此，使用加权和法要十分谨慎。

4.2 WPM——非线性加权集结方式

4.2.1 WPM的决策过程

加权积法（Weighted Product Model，WPM）采用下式计算方案的评价值，即：

$$C_i' = \prod_{j=1}^{n} x_j^{w_j} \qquad (4-2)$$

式中，w_j 为备选方案第 j 个属性的权重；x_j 为第 j 个目标（属性）的评价值；$j=1，2，\cdots，n$。

4.2.2 WPM的特点

一是非线性加权集结方式突出的是数值一致性。由于乘积运算的数学性质，使这种集结方式突出了指标值较小的指标在集结中的作用。

二是指标的权重系数在非线性加权集结方式中的作用不如在线性加权集结方式中的作用明显。

三是优选指标值的大小波动情况对由非线性加权集结方式求得的综合评价值影响很大，比用线性加权集结方式要明显得多。

四是非线性加权集结方式对于优选指标观测值无量纲化处理方法有要求，需要无量纲化的指标值满足不小于1。

五是相对于线性加权集结方式，非线性加权集结方式在计算上较复杂。

在使用一般加权和法或层次分析法求解多属性决策问题时，都默认了各目标属性值之间的线性可补偿性。而事实上，很多属性决策问题中的属性值之间是不可补偿的，即使在一定范围内是可以补偿的，但这种补偿也往往是非线性的。

4.3 案例研究

地毯根据用途被分为不同的类别，如航空、酒店、船舶、商业和住宅。地毯经常被大量购买，特别是在航空（机场）和酒店行业。由于涉及多种决策标准，对地毯进行排序，并从一组可选替代品中为特定的最终使用条件选择最佳的地毯，是一项复杂的任务。作为地板覆盖材料的手工地毯，在动、静载荷作用下都应具有良好的耐磨性、压缩恢复性能和厚度损失性能。这些参数对于总体最终用途的重要性或权重是不同的，因此使判断非常复杂。一种地毯可能在重要性较低的参数上优于另一种地毯，反之亦然。这样一来，这种地毯的整体接受度就会降低。

由于地毯选择问题相当复杂，因此在该问题中采用MADM技术是合乎逻辑的。在这项工作中，WSM、WPM被用于开发手工地毯耐久性的综合指数。由于地毯的磨耗量、压缩回弹性、动态负载下的厚度损失和长期静态重负载后的厚度损失是衡量地毯性能的重要指标，因此本研究将这些指标作为决策标准。这项特别研究的目的是从27种可供选择的地毯中选出最耐用的波斯手工羊毛地毯。

4.3.1 构建层次结构

根据问题，本研究决策模型的层次结构示意图如图4-1所示。

目标层——手工地毯的整体耐用性。

准则层——磨耗量、压缩回弹性、动态负载下的厚度损失和长期静态重负载后的厚度损失。

方案层——27个手工地毯。

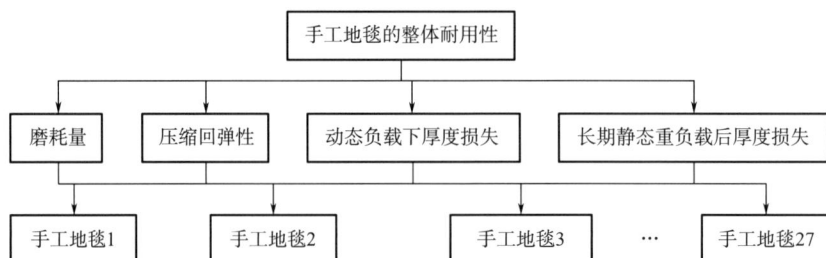

图4-1 层次结构图

4.3.2 权重计算

本研究要求10位专家对属性之间的权重进行打分，取每个属性打分的平均数作为权重值，最终得到权重 w=(0.366，0.186，0.308，0.140)。

4.3.3 构建决策矩阵

手工地毯的参数如表4-1所示。其中，磨耗量、动态负载下厚度损失、长期静态重负载后厚度损失为成本型指标，压缩回弹性为效应型指标。

表4-1 波斯手工羊毛地毯的性能

样本	磨耗量	压缩回弹性	动态负载下厚度损失	长期静态重负载后厚度损失
A_1	37.33	62.05	3.05	4.32
A_2	59.17	58.63	3.51	4.62
A_3	52.73	72.26	2.83	4.45
A_4	56.20	71.73	2.16	4.82
A_5	64.52	43.48	4.50	4.41
A_6	68.16	60.92	3.04	4.82
A_7	69.00	62.34	3.90	4.98
A_8	57.80	76.13	1.70	4.80
A_9	48.27	50.92	2.87	4.38
A_{10}	51.80	63.41	2.22	5.35
A_{11}	66.09	72.69	2.14	5.52
A_{12}	56.00	68.75	2.37	4.74
A_{13}	38.40	64.44	2.60	5.15
A_{14}	43.20	78.01	1.30	3.55
A_{15}	67.27	51.65	4.46	3.72
A_{16}	56.40	70.95	1.36	6.02
A_{17}	33.70	68.58	2.49	3.95
A_{18}	41.13	64.50	3.24	5.91
A_{19}	56.40	66.05	3.26	5.95

样本	磨耗量	压缩回弹性	动态负载下厚度损失	长期静态重负载后厚度损失
A_{20}	41.00	59.84	3.23	4.11
A_{21}	61.10	51.23	4.33	4.46
A_{22}	61.53	59.82	2.56	5.12
A_{23}	63.60	71.03	1.53	5.93
A_{24}	59.73	68.34	3.10	4.93
A_{25}	49.07	62.46	3.28	4.80
A_{26}	43.67	63.94	3.12	4.89
A_{27}	39.93	67.38	3.20	4.86

4.3.4 决策矩阵规范化

本研究使用线性变换对决策矩阵进行规范化。

$$r_{ij} = \frac{y_{ij}}{y_j^{\max}} \quad （效应型指标） \tag{4-3}$$

$$r_{ij} = \frac{y_j^{\min}}{y_j} \quad （成本型指标） \tag{4-4}$$

以决策矩阵第一行为例，计算获得：

$$r_{11} = \frac{y_j^{\min}}{y_j} = \frac{33.7}{37.33} = 0.903 ， \quad r_{12} = \frac{y_{ij}}{y_j^{\max}} = \frac{62.05}{78.01} = 0.795 ，$$

$$r_{13} = \frac{y_j^{\min}}{y_j} = \frac{1.3}{3.05} = 0.426 ， \quad r_{14} = \frac{y_j^{\min}}{y_j} = \frac{3.55}{4.32} = 0.822$$

规范化后的决策矩阵 $\boldsymbol{D}$ 为：

$$\boldsymbol{D} = \begin{pmatrix} 0.903 & 0.795 & 0.426 & 0.822 \\ 0.570 & 0.752 & 0.370 & 0.768 \\ 0.639 & 0.926 & 0.459 & 0.798 \\ 0.600 & 0.919 & 0.602 & 0.737 \\ 0.522 & 0.557 & 0.289 & 0.805 \\ 0.494 & 0.781 & 0.428 & 0.737 \\ 0.488 & 0.799 & 0.333 & 0.713 \\ 0.583 & 0.976 & 0.765 & 0.740 \end{pmatrix}$$

$$\boldsymbol{D}=\begin{pmatrix} 0.698 & 0.653 & 0.453 & 0.811 \\ 0.651 & 0.813 & 0.586 & 0.664 \\ 0.510 & 0.932 & 0.607 & 0.643 \\ 0.602 & 0.881 & 0.549 & 0.749 \\ 0.878 & 0.826 & 0.500 & 0.689 \\ 0.780 & 1.000 & 1.000 & 1.000 \\ 0.501 & 0.662 & 0.291 & 0.954 \\ 0.598 & 0.909 & 0.956 & 0.590 \\ 1.000 & 0.879 & 0.522 & 0.899 \\ 0.819 & 0.827 & 0.401 & 0.601 \\ 0.598 & 0.847 & 0.399 & 0.597 \\ 0.822 & 0.767 & 0.402 & 0.864 \\ 0.552 & 0.657 & 0.300 & 0.796 \\ 0.548 & 0.767 & 0.508 & 0.693 \\ 0.530 & 0.911 & 0.850 & 0.599 \\ 0.564 & 0.876 & 0.419 & 0.720 \\ 0.687 & 0.801 & 0.396 & 0.740 \\ 0.772 & 0.820 & 0.417 & 0.726 \\ 0.844 & 0.864 & 0.406 & 0.730 \end{pmatrix}$$

4.3.5 综合评价各方案

根据式 $C_i = \sum_{j=1}^{n} w_j \cdot r_{ij}$ 计算每个方案的总得分。我们以第一行为例，得：

$$C_1 = 0.366 \times 0.903 + 0.186 \times 0.795 + 0.308 \times 0.426 + 0.140 \times 0.822 = 0.725$$

具体结果见表4-2。

表4-2 WSM和WPM整体得分及排名

方案	WSM	排名	WPM	排名
A_1	0.725	6	0.691	6
A_2	0.570	22	0.547	22
A_3	0.660	14	0.637	14
A_4	0.680	10	0.669	8
A_5	**0.497**	**27**	**0.467**	**27**
A_6	0.561	23	0.543	23

续表

方案	WSM	排名	WPM	排名
A_7	0.530	24	0.501	24
A_8	0.734	4	0.720	4
A_9	0.630	18	0.616	18
A_{10}	0.664	12	0.658	10
A_{11}	0.638	17	0.621	17
A_{12}	0.659	15	0.647	12
A_{13}	0.726	5	0.706	5
A_{14}	**0.920**	**1**	**0.912**	**1**
A_{15}	0.530	25	0.488	26
A_{16}	0.767	3	0.745	3
A_{17}	0.816	2	0.788	2
A_{18}	0.662	13	0.631	15
A_{19}	0.637	16	0.629	16
A_{20}	0.689	9	0656	11
A_{21}	0.528	26	0.497	25
A_{22}	0.597	21	0.588	20
A_{23}	0.709	7	0.688	7
A_{24}	0.600	20	0.578	21
A_{25}	0.626	19	0.603	19
A_{26}	0.665	11	0.640	13
A_{27}	0.697	8	0.663	9

根据式（4-2）进行计算，结果见表4-2。我们以第一行为例，计算结果如下：

$$C_1' = 0.903^{0.366} \times 0.795^{0.186} \times 0.426^{0.308} \times 0.822^{0.140} = 0.691$$

由表4-2可知，最好的方案为A_{14}，最差方案为A_5。同时可以发现，WSM和WPM的前七名的排序结果是一致的。

思考题

某旅游公司需要购买大型游艇，游艇的优劣由六个决策指标共同决定，分别是速度c_1、

航行范围 c_2、最大负载 c_3、价格 c_4、设备的耐用性 c_5、设备的灵敏度 c_6。市场上有四种游艇可供选择，具体的指标值如表4-3所示。请写出决策矩阵，使用客观赋权法计算权重，分别使用WSM法和WPM法对方案进行排序，得出最优选择。

表4-3 游艇的指标

样本	速度（海里/时）	航行范围（海里）	最大负载（千克）	价格（10^8元）	设备的耐用性	设备的灵敏度
a_1	2.0	1500	20000	5.5	5	9
a_2	2.5	2700	18000	6.5	3	5
a_3	1.8	2000	21000	4.5	7	7
a_4	2.2	1800	20000	5.0	5	5

第 5 章
TOPSIS 法

本章知识点

1. TOPSIS的原理、特点

2. TOPSIS的计算步骤

5.1 TOPSIS简介

TOPSIS（Technique for Order Preference by Similarity to Ideal Solution），即逼近、接近理想解的排序方法，是处理多属性决策问题、进行方案排序的一种常用的方法，由Hwang和Yoon于1981年提出，该方法也被称为理想解法，其模型为折中模型。接近理想点法的中心思想为：假想一个正理想方案和一个负理想方案，然后分别确定各方案与正理想方案、负理想方案的距离，与正理想方案最近且与负理想方案最远的方案为最优方案。

正理想解 Y^+ 是一个方案集 Y 中虚拟的最佳方案，它的每个属性值都是决策矩阵中该属性的最好值；而负理想解 Y^- 则是虚拟的最差方案，它的每个属性值都是决策矩阵中该属性的最差值。在 n 维空间中将方案集 Y 中的各备选方案 Y_i 与正理想解 Y^+ 和负理想解 Y^- 的距离进行比较，其中既靠近正理想解又远离负理想解的方案就是方案集 Y 中的最佳方案，并可以据此排定方案集 Y 中各备选方案的优先次序。

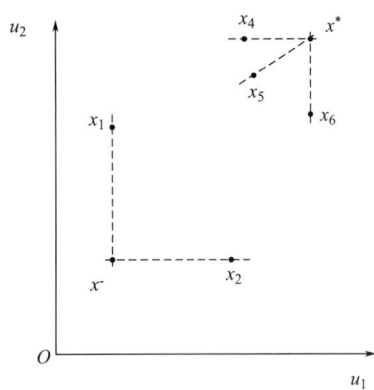

图5-1　理想解与负理想解示意图

为便于读者理解这两种解，请参考图5-1的例子。图5-1表示包含两个决策指标的多属性问题中，两个指标都是效益型的指标，即指标的数值越大越优。μ_1 和 μ_2 是加权的规范化属性，方案集共包括6个解决方案，记为 $x_i(i=1，2，\cdots，6)$，根据它们的加权规范化属性值标出它们在图中的位置，其中 x^* 是正理想解，x^- 是负理想解。图中 x_4 和 x_5 与正理想解的距离相等，引入与负理想解的距离后，x_4 比 x_5 离负理想解远，因此方案 x_4 更优。

用理想方案求解多属性决策问题的概念简单，只要在属性空间定义适当的距离测度就能计算备选方案与理想方案。TOPSIS方法所用的是（加权以后的）欧氏距离。至于既用正理想解又用负理想解，是因为在仅使用正理想解时会出现某两个备选方案与正理想解的距离相同的情况，为了区分这两个方案的优劣，引入负理想解并计算这两个方案与负理想解的距离，与正理想解的距离相同的方案中离负理想解远者为优。TOPSIS法引进相对接近系数（Relative Closeness Coefficient，RCC）的概念考虑两种距离。

TOPSIS方法采用欧氏距离计算各方案到正理想解与负理想解的距离，其优点是应用起来方便、合理，易于理解且计算简单，备选方案可以用简单的数学形式描述，在比较过程中还可以使用客观权重，因此TOPSIS方法在很多领域得到了推广应用。

然而在进行决策分析时，常遇到某个方案离正理想方案最近，但是与负理想方案却不是最远的情况。以距离作为尺度来判断方案的优劣只能反映数据曲线之间的位置关系，却无法体现数据序列的态势变化。在各个指标值相差较大的情况下，如果方案和理想方案间的距离相近依旧可能使最后的结果非常相近。因此，单纯依靠TOPSIS法来对项目进行优选决策是不全面的，需要应用另外的方法来改善它的缺陷。

5.2 TOPSIS法的决策分析步骤

TOPSIS是在加权规范化决策矩阵的基础之上，拟定理想方案 A^+ 和负理想方案 A^-，并确定每个方案距离 A^+ 和 A^- 的距离，最后根据相对距离确定方案的优劣。具体步骤如下：

步骤1：对决策矩阵 $X=(x_{ij})_{m \times n}$ 进行标准化处理，得到标准化决策矩阵 $R=(r_{ij})_{m \times n}$。

$$R = (r_{ij}), \left(\frac{r_{ij} = x_{ij}}{\sqrt{\sum_{i=1}^{m} x_{ij}^2}} \right) \tag{5-1}$$

步骤2：构造加权标准化矩阵 $V=(v_{ij})$。

$$V = R \cdot W = \begin{pmatrix} w_1 r_{11} & \cdots & w_n r_{1n} \\ \vdots & \ddots & \vdots \\ w_1 r_{m1} & \cdots & w_n r_{mn} \end{pmatrix} \tag{5-2}$$

步骤3：确定理想方案和负理想方案。

当属性值为效益型时，理想方案为每列中的最大值（max），负理想方案为每列中的最小值（min）；当属性值为成本型时，理想方案为每列中的最小值（min），负理想方案为每列中的最大值（max）。具体表示如下：

$$A^+ = \left(v_1^+, v_2^+, \cdots, v_n^+ \right) (i=1, 2, \cdots, n) \\ = \left[\left(\max_i v_{ij} | j \in I \right), \left(\min_i v_{ij} | j \in J \right) \right] \tag{5-3}$$

$$A^- = \left(v_1^-, v_2^-, \cdots, v_n^- \right) (i=1, 2, \cdots, n) \\ = \left[\left(\min_i v_{ij} | j \in I \right), \left(\max_i v_{ij} | j \in J \right) \right] \tag{5-4}$$

其中，I为效应型属性的下标集合；J为成本型属性的下标集合。

步骤4：计算每个方案A_i分别与正、负理想解的距离。

$$d_i^+ = \sqrt{\sum_{j=1}^{n}\left(v_{ij} - v_j^+\right)^2}\ (i=1,2,\cdots,n) \tag{5-5}$$

$$d_i^- = \sqrt{\sum_{j=1}^{n}\left(v_{ij} - v_j^-\right)^2}\ (i=1,2,\cdots,n) \tag{5-6}$$

步骤5：计算每个方案A_i的相对贴近系数RCC_i。

$$RCC_i = \frac{d_i^-}{d_i^+ + d_i^-}\ (i=1,2,\cdots,n) \tag{5-7}$$

易见，$0 \leqslant RCC_i \leqslant 1$，$RCC_i$衡量各方案到负理想解的距离与正负理想解之间距离的比值，因此，RCC_i的值越大表明该方案距离负理想解越远而离正理想解越近。正理想解的相对贴近系数为1，则负理想解的相对贴近系数为0。

步骤6：根据相对贴近系数的大小对方案进行优劣排序，确定备选方案的优先次序。其中，相对贴近系数越大表示距离正理想解最近而距离负理想解最远，与之相对应的备选方案就被认为越优，即为最佳方案。

总结上述步骤，图5-2给出了传统TOPSIS方法的应用流程图。

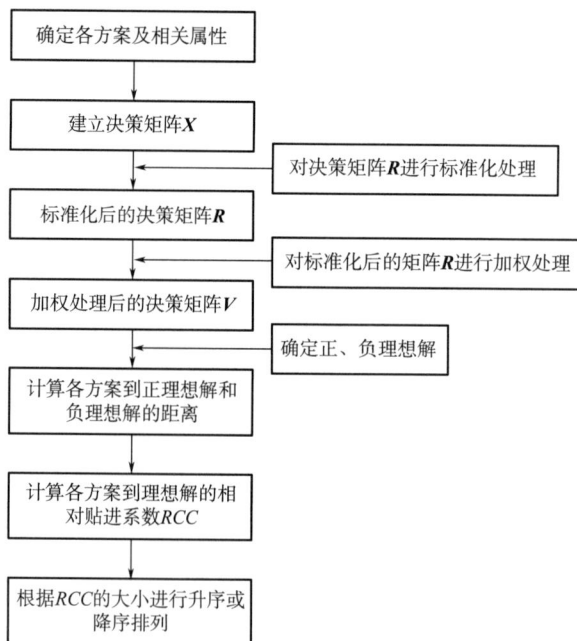

图5-2　TOPSIS流程图

5.3 案例分析

在当前的竞争环境中，企业为获得竞争优势，必须从企业与环境特点出发，培育自己的核心竞争力。在一个完整的供应链中，企业应把主要精力放在企业的关键业务（企业核心竞争力）上，充分发挥其优势，同时与国际范围内的合适企业建立战略合作关系，其中非核心业务由合作企业完成，也就是业务外包。

相对核心竞争力，第三方检测机构（以下简称"检测机构"）属于非核心的一环。但检测机构的选择作为品质管理的一部分，近年来也受到诸多服装企业的重视。这是因为合适的检测机构对服装企业来说，既可确保产品质量、缩短上市周期、节约检测成本，同时又可增强企业的市场竞争力。

对检测机构的选择主要考虑检测机构评价、选择指标体系及选择的方法和模型等，这是一种较为复杂且不系统化的多准则决策问题。本节采用层次分析法（AHP法）和理想解近似偏好顺序法（TOPSIS法），对检测机构的竞争力进行评价并做出选择。AHP法在应用上相对简单，可利用成对比较法进行分析，并可进行一致性检验来确定判断决策是否有效；而TOPSIS法可对决策方案排序，是一种简单并且应用广泛的多准则决策方法。

5.3.1 AHP法

（1）建立递阶层次模型

层次分析法中最重要的一步是对所有影响分析模型的因素建立递阶层次结构。该分析模型一般分为目标层、准则层（如构成各个准则的每个因素都很重要，可将准则层再次细分，将这些因素予以量化指标，形成指标层）和方案层三个层次结构。针对三家检测机构，本节确定以资质和能力、服务质量、测试价格、测试周期、报告正确率、报告及时率、报告传递方式七项考虑因子为评估准则，以此为基础构建递阶层次结构（图5-3）。

（2）构造成对比较判断矩阵

构建递阶层次结构模型后，确定层次之间目标准则的从属关系，以此为基础构造判断矩阵。在构造判断矩阵时，由公司决策者和专家对各因素进行成对比较分析，以确定准则层中各因素之间的相对重要程度。采用1~9比例尺度对此进行比较分析。对检测机构的各

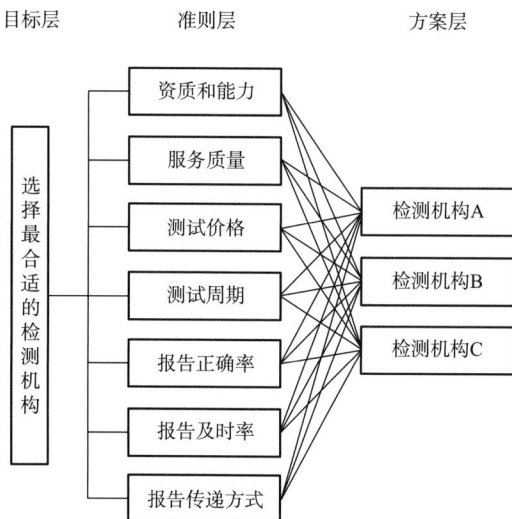

图5-3　层次结构

个因子构造层次判断矩阵，由专家根据实际情况的相对重要度对各因素（图5-3中的准则层）赋予相应的比重，获得层次判断矩阵A。层次判断矩阵A如下：

$$A = \begin{pmatrix} 1 & 2 & 7 & 7 & 5 & 5 & 3 \\ \dfrac{1}{2} & 1 & 5 & 2 & 9 & 7 & \dfrac{1}{3} \\ \dfrac{1}{7} & \dfrac{1}{5} & 1 & \dfrac{1}{3} & 1 & \dfrac{1}{3} & \dfrac{1}{3} \\ \dfrac{1}{7} & \dfrac{1}{2} & 3 & 1 & 2 & 3 & \dfrac{1}{3} \\ \dfrac{1}{5} & \dfrac{1}{9} & 1 & \dfrac{1}{2} & 1 & \dfrac{1}{3} & \dfrac{1}{3} \\ \dfrac{1}{5} & \dfrac{1}{7} & 3 & \dfrac{1}{3} & 3 & 1 & \dfrac{1}{3} \\ \dfrac{1}{3} & 3 & 3 & 3 & 3 & 3 & 1 \end{pmatrix}$$

（3）计算单一准则下元素的相对权重和一致性检验

本节采用和积法计算判断矩阵A最大特征值及对应的特征向量，并对各组评价指标进行一致性检验，求得对应特征向量，即各项准则的权重系数。

依据前述的步骤及相应公式对判断矩阵A的原始数据进行归一化处理，得到决策矩阵Z。

$$Z = \begin{pmatrix} 0.397 & 0.288 & 0.304 & 0.494 & 0.208 & 0.254 & 0.529 \\ 0.198 & 0.144 & 0.217 & 0.141 & 0.375 & 0.356 & 0.059 \\ 0.057 & 0.029 & 0.043 & 0.024 & 0.042 & 0.017 & 0.059 \\ 0.057 & 0.072 & 0.130 & 0.071 & 0.083 & 0.153 & 0.059 \\ 0.079 & 0.016 & 0.043 & 0.035 & 0.042 & 0.017 & 0.059 \\ 0.079 & 0.021 & 0.130 & 0.024 & 0.125 & 0.051 & 0.059 \\ 0.132 & 0.431 & 0.130 & 0.212 & 0.125 & 0.153 & 0.176 \end{pmatrix}$$

依据步骤 3 及相应公式，计算出相对权重向量 w_i 为：

$$w_i = (0.3536，0.2129，0.0386，0.0892，0.0417，0.0698，0.1943)$$

依据步骤 4 及相应公式，计算出最大特征值 $\lambda_{max} = 7.4847$。

依据步骤 5 及相应公式计算出一致性指标 $CI = 0.0808$；一致性比例 $CR = 0.0594 < 0.1$。因此，说明该层次判断矩阵 A 通过一致性检验，评价结果是可靠的。

5.3.2 TOPSIS法

TOPSIS法是一种距离综合评价法。其基本原理是通过构造决策问题中各指标的最优解和最劣解，计算比较对象的优劣排序，作为决策依据。

根据步骤 1 构建决策矩阵。对公司已有合作的检测机构由评审小组成员进行评判，得到决策矩阵 D。

$$D = \begin{pmatrix} 85 & 90 & 90 & 80 & 80 & 90 & 85 \\ 90 & 85 & 85 & 85 & 85 & 85 & 85 \\ 80 & 85 & 95 & 80 & 80 & 85 & 80 \end{pmatrix}$$

由步骤 2 及相应公式，对判断矩阵 D 进行归一化处理，得出决策矩阵 R。以第一列数据为例，进行计算，得：

$$r_{11} = \frac{85}{\sqrt{85^2 + 90^2 + 80^2}} = 0.5767, \ r_{21} = \frac{90}{\sqrt{85^2 + 90^2 + 80^2}} = 0.6106, \ r_{31} = \frac{80}{\sqrt{85^2 + 90^2 + 80^2}} = 0.5428$$

依此计算，得到决策矩阵 R：

$$R = \begin{pmatrix} 0.5767 & 0.5993 & 0.5768 & 0.5653 & 0.5653 & 0.5993 & 0.5887 \\ 0.6106 & 0.5660 & 0.5447 & 0.6007 & 0.6007 & 0.5660 & 0.5887 \\ 0.5428 & 0.5660 & 0.6088 & 0.5653 & 0.5653 & 0.5660 & 0.5540 \end{pmatrix}$$

由步骤 3 及相应公式，计算加权后的决策矩阵 V_{ij}。以第一行数据为例，计算得：

$v_{11} = 0.3536 \times 0.5767 = 0.2039$，$v_{12} = 0.2129 \times 0.5993 = 0.1276$，$v_{13} = 0.0386 \times 0.5768 = 0.0222$，

$v_{14} = 0.0892 \times 0.5653 = 0.0504$，$v_{15} = 0.0417 \times 0.5653 = 0.0235$，$v_{16} = 0.0698 \times 0.5993 = 0.0418$，

$$v_{17} = 0.1943 \times 0.5887 = 0.1144$$

依此计算，得到加权后的决策矩阵 V_{ij} 如下：

$$v_{ij} = \begin{pmatrix} 0.2039 & 0.1276 & 0.0222 & 0.0504 & 0.0235 & 0.0418 & 0.1144 \\ 0.2159 & 0.1205 & 0.0210 & 0.0536 & 0.0250 & 0.0395 & 0.1144 \\ 0.1919 & 0.1205 & 0.0235 & 0.0504 & 0.0235 & 0.0395 & 0.1076 \end{pmatrix}$$

由步骤4及相应公式，计算正理想解 S_i^+ 和负理想解 S_i^-，如表5-1所示。

表5-1　各个准则的正负理想解

指标	资质和能力	服务质量	测试价格	测试周期	报告正确率	报告及时性	报告传递方式
正理想解	0.2159	0.1276	0.0235	0.0536	0.0250	0.0418	0.1144
负理想解	0.1919	0.1205	0.0210	0.0504	0.0235	0.0395	0.1076

由步骤5和6及相应公式，计算每个检测机构与理想解的距离 S_i^+ 和 S_i^- 及相对接近程度指标 RCC_i，见表5-2。

表5-2　每个检测机构与理想解的距离及相对接近程度指标

指标	与正理想解距离（S_i^+）	与负理想解距离（S_i^-）	相近程度指标（RCC_i）
A公司	0.0125	0.0157	0.5057
B公司	0.0079	0.0252	0.7619
C公司	0.0262	0.0025	0.0861

由步骤7及相应规则，对相近程度指标 RCC_i 排序，排序为B公司＞A公司＞C公司。

思考题

1. 简述TOPSIS法的特点。

2. 假设有决策矩阵 A，其中，c_1 和 c_3 为效益型指标，c_2 为成本型指标，权重 w=(0.2, 0.3, 0.5)，试用TOPSIS找出最优解。

$$A = \begin{matrix} & \begin{matrix} c_1 & c_2 & c_3 \end{matrix} \\ \begin{matrix} A_1 \\ A_2 \\ A_3 \end{matrix} & \begin{pmatrix} 6 & 2 & 8 \\ 4 & 4 & 4 \\ 8 & 6 & 2 \end{pmatrix} \end{matrix}$$

第 6 章
EDAS 法

本章知识点

1. EDAS的概念、特点

2. EDAS的计算步骤

6.1 EDAS简介

EDAS（Evaluation based on Distance from Average Solution）方法是由凯莎瓦茨·古拉贝（Keshavarz Ghorabaee）等学者于2015年提出的，用于解决具有冲突性属性的多属性决策问题。该方法是先计算出各方案的平均值（AV），在此基础上测算各方案与平均值间的差异，记为正向距离（Positive Distance from Average，PDA）和反向距离（Negative Distance from Average，NDA）。通常来说，最优方案是正向距离值最大且反向距离值最小的方案。

在综合评价方法理论中，EDAS遵从现实评判常以平均解为依据划分指标优—劣势度的习惯，以及该方法逻辑清晰、直观且易于理解等优势，特别适用于属性矛盾的决策问题，是近年来综合评价方法或技术中的研究亮点。

6.2 EDAS的计算步骤

假设有一个多属性决策问题，$A=\{A_1, A_2, \cdots, A_m\}$为一组个数为$m$的备选方案集，$C=\{C_1, C_2, \cdots, C_n\}$为一组个数为$n$的属性集。假设$w=\{w_1, w_2, \cdots, w_n\}$为属性$C_j(j=1, 2, \cdots, n)$的权重向量，满足$w_j \in [0, 1]$且$\sum_{j=1}^{n} w_j = 1$。假设$R=(r_{ij})_{m \times n}$为备选方案$A_i(i=1, 2, \cdots, m)$在属性$C_j(j=1, 2, \cdots, n)$下的评价值，则EDAS方法的决策步骤如下：

步骤1：构建决策矩阵$R=(r_{ij})_{m \times n}$，$i=1, 2, \cdots, m$，$j=1, 2, \cdots, n$如下：

$$R = \left(r_{ij}\right)_{m \times n} = \begin{array}{c} \\ A_1 \\ A_2 \\ \vdots \\ A_m \end{array} \begin{array}{cccc} C_1 & C_2 & \cdots & C_n \\ \left(\begin{array}{cccc} r_{11} & r_{12} & \cdots & r_{1n} \\ r_{21} & r_{22} & \cdots & r_{2n} \\ \vdots & \vdots & \ddots & \vdots \\ r_{m1} & r_{m2} & \cdots & r_{mn} \end{array}\right) \end{array} \qquad (6\text{-}1)$$

式中：r_{ij}表示决策者d_s基于属性C_j对方案A_i的评价结果。

步骤2：在考虑属性C_j的情况下，计算所有备选方案A_i的平均值，得出平均解AV，计算公式如下：

$$AV = \left[AV_j \right]_{1 \times n} = \left[\frac{\sum_{i=1}^{m} r_{ij}}{m} \right]_{1 \times n} \qquad (6-2)$$

步骤 3：根据属性 C_j 的类型（效益型或成本型），确定各方案与平均解的正向距离（PDA）矩阵和与平均解的反向距离（NDA）矩阵：

$$PDA = [PDA_{ij}]_{m \times n} \qquad (6-3)$$

$$NDA = [NDA_{ij}]_{m \times n} \qquad (6-4)$$

如果第 j 个属性是效益型，则：

$$PDA_{ij} = \frac{\max \left\{ 0, \ \left(r_{ij} - AV_j \right) \right\}}{AV_j} \qquad (6-5)$$

$$NDA_{ij} = \frac{\max \left\{ 0, \ \left(AV_j - r_{ij} \right) \right\}}{AV_j} \qquad (6-6)$$

如果第 j 个属性是成本型，则：

$$PDA_{ij} = \frac{\max \left\{ 0, \ \left(AV_j - r_{ij} \right) \right\}}{AV_j} \qquad (6-7)$$

$$NDA_{ij} = \frac{\max \left\{ 0, \ \left(r_{ij} - AV_j \right) \right\}}{AV_j} \qquad (6-8)$$

步骤 4：计算正向距离加权和（WSP）和负向距离加权和（WSN）：

$$WSP_i = \sum_{j=1}^{n} w_j PDA_{ij} \qquad (6-9)$$

$$WSN_i = \sum_{j=1}^{n} w_j NDA_{ij} \qquad (6-10)$$

步骤 5：将所有备选方案的 WSP 和 WSN 分别进行标准化处理：

$$NWP_i = \frac{WSP_i}{\max \left(WSP_i \right)} \qquad (6-11)$$

$$NWN_i = 1 - \frac{WSN_i}{\max \left(WSN_i \right)} \qquad (6-12)$$

步骤 6：根据 NWP_i 和 NWN_i 计算最终评价结果 APS_i：

$$APS_i = \frac{1}{2} \left(NWP_i + NWN_i \right) \qquad (6-13)$$

其中，$0 \leqslant APS_i \leqslant 1$。

步骤7：根据评价结果APS_i对每个备选方案进行排序。APS_i值越小，备选方案越差。反之，AS_i值越大，备选方案越好。

6.3　案例研究

本研究采用阿拉姆（Alam）和高希（Ghosh）于2013提出的一个具体案例，要从13个棉织物中选择一个最合适的棉织物，涉及四个属性：织物覆盖系数（Fabric Cover，FC），厚度（Thickness，T），面密度（Areal Density，AD）以及孔隙率（Porosity，P），具体数据如表6-1所示。四个织物属性均为效益型，通过AHP法获得属性权重w=(0.221，0.322，0.186，0.271)。

表6-1　棉织物属性集

属性权重	0.221	0.322	0.186	0.271
织物样本	FC	T	AD	P
S_1	0.940	0.44	151	0.77
S_2	0.957	0.32	169	0.65
S_3	0.979	0.95	534	0.63
S_4	0.881	0.37	173	0.69
S_5	0.906	0.28	151	0.64
S_6	0.917	0.23	144	0.58
S_7	0.918	0.31	161	0.65
S_8	0.923	0.29	166	0.62
S_9	0.930	0.42	292	0.54
S_{10}	0.944	0.32	210	0.56
S_{11}	0.986	0.46	215	0.69
S_{12}	0.985	0.49	211	0.71
S_{13}	0.987	0.47	212	0.70

步骤1：构建决策矩阵$\boldsymbol{R}=(r_{ij})_{m \times n}$，具体见表6-1。

步骤2：计算平均解AV。根据式（6-2），以FC列为例，计算如下：

$$AV_1 = \frac{0.940 + 0.957 + 0.979 + \cdots + 0.986 + 0.985 + 0.987}{13} = 0.943$$

经过计算，所有属性的平均值AV=(0.943，0.412，214.539，0.648)。

步骤3：确定各方案与平均解的正向距离（PDA）矩阵。以FC列为例，根据式（6-5），计算过程如下：

$$PDA_{12} = \frac{\max\left[0,\ \left(r_{ij} - AV_j\right)\right]}{AV_j} = \frac{\max\left[0,\ \left(0.957 - 0.943\right)\right]}{0.943} = 0.0153$$

最终得到PDA矩阵如表6-2所示。

表6-2　棉织物选择的PDA矩阵

面料	FC	T	AD	P
S$_1$	0.0000	0.0692	0.0000	0.1874
S$_2$	0.0153	0.0000	0.0000	0.0024
S$_3$	0.0387	1.3084	1.4891	0.0000
S$_4$	0.0000	0.0000	0.0000	0.0641
S$_5$	0.0000	0.0000	0.0000	0.0000
S$_6$	0.0000	0.0000	0.0000	0.0000
S$_7$	0.0000	0.0000	0.0000	0.0024
S$_8$	0.0000	0.0000	0.0000	0.0000
S$_9$	0.0000	0.0206	0.3611	0.0000
S$_{10}$	0.0016	0.0000	0.0000	0.0000
S$_{11}$	0.0461	0.1178	0.0022	0.0641
S$_{12}$	0.0451	0.1907	0.0000	0.0949
S$_{13}$	0.0472	0.1421	0.0000	0.0795

确定各方案与平均解的反向距离（NDA）矩阵。以FC列为例，根据式（6-6），计算过程如下：

$$NDA_{12} = \frac{\max\left[0,\ \left(AV_j - r_{ij}\right)\right]}{AV_j} = \frac{\max\left[0,\ \left(0.943 - 0.957\right)\right]}{0.943} = 0.0000$$

最终得到NDA矩阵如表6-3所示。

表6-3 棉织物选择的 *NDA* 矩阵

面料	FC	T	AD	P
S_1	0.0027	0.0000	0.2962	0.0000
S_2	0.0000	0.2224	0.2123	0.0000
S_3	0.0000	0.0000	0.0000	0.0285
S_4	0.0653	0.1009	0.1936	0.0000
S_5	0.0388	0.3196	0.2962	0.0130
S_6	0.0271	0.4411	0.3288	0.1056
S_7	0.0260	0.2467	0.2496	0.0000
S_8	0.0207	0.2953	0.2262	0.0439
S_9	0.0133	0.0000	0.0000	0.1673
S_{10}	0.0000	0.2224	0.0212	0.1364
S_{11}	0.0000	0.0000	0.0000	0.0000
S_{12}	0.0000	0.0000	0.0165	0.0000
S_{13}	0.0000	0.0000	0.0118	0.0000

步骤4：计算正向距离加权和（*WSP*）和负向距离加权和（*WSN*）。根据式（6–11）和式（6–10），计算 *WSP* 和 *WSN*，具体结果见表6–4。以 S_2 为例，分别计算其 *WSP* 和 *WSN*：

$$WSP(S_2)=0.0153 \times 0.221+0.0000 \times 0.322+0.0000 \times 0.186+0.0024 \times 0.271=0.0040$$

$$WSP(S_2)=0.0000 \times 0.221+0.2224 \times 0.322+0.2123 \times 0.186+0.0000 \times 0.271=0.1111$$

步骤5：将所有备选方案的 *WSP* 和 *WSN* 分别进行标准化处理，具体结果如表6–4所示。以 S_2 为例，根据式（6–11）和式（6–12），计算标准化处理结果 *NWP* 和 *NWN*：

$$NWP_{S_2} = \frac{WSP_{S_2}}{\max\left(WSP\right)_{C_1}} = \frac{0.0040}{0.7068} = 0.0057$$

$$NWN_{S_2} = 1 - \frac{WSN_{S_2}}{\max\left(WSN_{C_1}\right)} = 1 - \frac{0.1111}{0.2378} = 0.5328$$

步骤6：根据 NWP_i 和 NWN_i 计算最终评价结果 APS_i。同样以 S_2 为例，根据式（6–13）计算评价结果 APS_i：

$$APS_{S_2} = \frac{1}{2}\left(NWP_{S_2} + NWN_{S_2}\right) = \frac{1}{2}\left(0.0057 + 0.5328\right) = 0.2692$$

步骤7：根据评价结果 APS_i 对每个备选方案进行排序。由表6–4可知，S_3 的 *APS* 值最高，因此，S_3 为最佳方案。

表6-4 *WSP*和*WSN*、标准化*WSP*和*WSN*、评价结果*AS*及排名

面料	加权和		加权和标准化		评价结果	排名
	WSP	*WSN*	*NWP*	*NWN*	*AS*	
S_1	0.0731	0.0557	0.1034	0.7658	0.4346	6
S_2	0.0040	0.1111	0.0057	0.5328	0.2692	8
S_3	0.7068	0.0077	1.0000	0.9676	0.9838	1
S_4	0.0174	0.0829	0.0246	0.6512	0.3379	7
S_5	0.0000	0.1701	0.0000	0.2846	0.1423	12
S_6	0.0000	0.2378	0.0000	0.0000	0.0000	13
S_7	0.0006	0.1316	0.0009	0.4465	0.2237	10
S_8	0.0000	0.1537	0.0000	0.3538	0.1769	11
S_9	0.0738	0.0483	0.1044	0.7970	0.4507	5
S_{10}	0.0003	0.1125	0.0005	0.5268	0.2636	9
S_{11}	0.0659	0.0000	0.0932	1.0000	0.5466	4
S_{12}	0.0971	0.0031	0.1373	0.9871	0.5622	2
S_{13}	0.0777	0.0022	0.1099	0.9907	0.5503	3

思考题

1. 简述EDAS法的特点。

2. 假设有决策矩阵 A，其中 c_1 和 c_3 为效益型指标，c_2 为成本型指标，权重 $w=(0.2, 0.3, 0.5)$，请用EDAS法找出最优解。

$$A = \begin{array}{c} \\ A_1 \\ A_2 \\ A_3 \end{array} \begin{array}{ccc} c_1 & c_2 & c_3 \\ \begin{pmatrix} 6 & 2 & 8 \\ 4 & 4 & 4 \\ 8 & 6 & 2 \end{pmatrix} \end{array}$$

第 7 章
VIKOR 法

本章知识点

1. VIKOR 的概念、特点

2. VIKOR 的计算步骤

7.1 VIKOR简介

VIKOR（Vise Kriterijumska Optimizacioni Racun）模型是由奥普雷维克（Opricovicl）和曾（Tzeng）于1988年提出一种折中的多属性决策方法，是一种基于理想点法的决策方法。VIKOR法的原理是首先确定正理想解（Positive Ideal Solution，PIS）和负理想解（Negative Ideal Solution，NIS），正理想解是备选方案在多维度评价准则的最优值，负理想解则是最劣值，比较各方案与正负理想解的接近程度来对备选方案集进行择优排序，选择最佳也是最妥协方案。妥协方案的选择是建立在互相让步的基础上的，通过VIKOR方法确定的方案并不是通常意义上的最优方案，而是距最优方案最接近且最劣方案相对最远的方案，因为现实中最优方案和最差方案都接近极限状态，实际问题中难以达到。

VIKOR法采用由$L_{pj}-metric$发展而来的聚合函数，具体见式：

$$L_{pj} = \left\{ \sum_{i=1}^{n} \left[w_i \frac{f_i^* - f_{ij}}{f_i^* - f_i^-} \right]^p \right\}^{1/p} \tag{7-1}$$

式中：测度L_{pj}代表了方案a_i到理想解的距离，f_{ij}为备选方案a_i第i个属性（或准则）的评价值。p为距离参数，$1 \leqslant p \leqslant \infty$，通常取1、2或$\infty$；$j$=1，2，…，$m$，$m$为备选方案的个数。

通过这一度量可实现最大化群体效益和最小化反对意见的个体遗憾，产生的妥协解可被决策者接受。为说明妥协解的状态，取一个两属性的决策示意图为例，如图7-1所示。图中f_1^*与f_2^*分别代表两个评价指标的理想（最优）解，$\Delta f_1 = f_1^* - f_1^c$与$\Delta f_2 = f_2^* - f_2^c$分别为两个指标的妥协量，$F^c$作为可行解（妥协解）是两个评价指标相互妥协结果，是所有解中最接近理想解F^*的解。

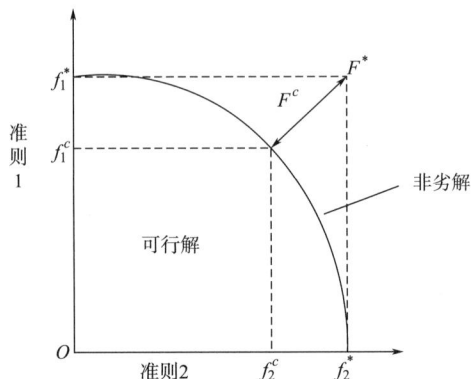

图7-1 VIKOR妥协解

7.1.1 VIKOR的特点

VIKOR法的特点是通过最大化群体效益和最小化个体遗憾得到方案各属性互相让步的折中妥协解。同时，VIKOR法增加了对决策结果进行可接受优势度准则和可接受可靠性准则的验证，提高了决策结果的合理性与科学性。

7.1.2 VIKOR法的应用

VIKOR法能够在若干相互冲突的情况下给出折中方案，寻求妥协条件下的最优解，该方法已在供应商选择、水环境质量评价、风险评价、企业管理评价等领域得到成功的应用。

7.2 VIKOR法的计算步骤

VIKOR法的评价流程如图7-2所示。

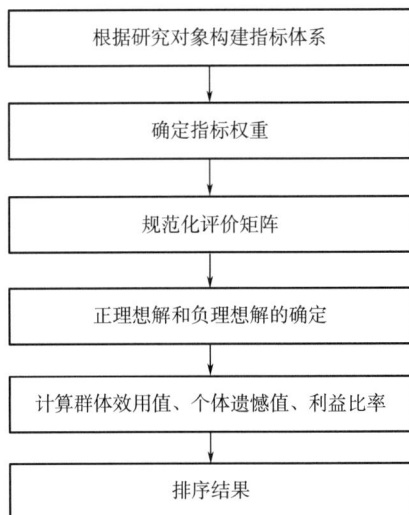

图7-2 VIKOR评价流程

步骤1：构建评价指标体系，计算确定各准则权重。VIKOR法需要事先确定各属性的权重。指标评价体系中的各指标的权重，指的是每项指标对与总评价目标实现的贡献重要程度，直接反映出各评价指标在评价过程中的价值贡献权重系数。

步骤2：规范化评价矩阵。根据前文所述的矩阵规范化方法，对决策矩阵进行规范化。

步骤3：确定每个指标的正理想解（PIS）和负理想解（NIS），具体如下：

$$f_j^* = \left\{ f_1^*, \ f_2^*, \ \cdots, \ f_m^* \right\} = \left\{ \left(\max f_{ij} \left| j \in J_1 \right. \right), \ \left(\min f_{ij} \left| j \in J_2 \right. \right) \middle| j = 1, \ 2, \ \cdots, \ m \right\} \qquad (7\text{–}2)$$

$$f_j^- = \left(f_1^-, \ f_2^-, \ \cdots, \ f_m^- \right) = \left\{ \left(\min f_{ij} \left| j \in J_1 \right. \right), \ \left(\max f_{ij} \left| j \in J_2 \right. \right) \middle| j = 1, \ 2, \ \cdots, \ m \right\} \qquad (7\text{–}3)$$

其中，J_1 为效益型指标值集合，J_2 为成本型指标值集合。

步骤4：确定群体效用值（S_i）和个体遗憾值（R_i），具体如下：

$$S_i = \sum_{j=1}^n w_j \cdot \left(\frac{f_i^* - f_{ij}}{f_i^* - f_i^-} \right) \qquad (7\text{–}4)$$

$$R_i = \max_j \left\{ w_j \cdot \left(\frac{f_i^* - f_{ij}}{f_i^* - f_i^-} \right) \right\} \qquad (7\text{–}5)$$

式中，S_i 为最大群体效用，是 $L_{1,\,j}$ 测度；R_i 为最小个体遗憾，是 $L_{\infty,\,j}$ 测度；w_j 为各属性权重；f_i^* 为正理想解，f_1^- 为负理想解。

步骤5：依据 S_i 和 R_i 确定群体利益系数 Q_i，具体如下：

$$Q_i = v \frac{S_i - \min_j \left\{ S_i \right\}}{\max_j \left\{ S_i \right\} - \min_j \left\{ S_i \right\}} + (1 - v) \frac{R_i - \min_j \left\{ R_i \right\}}{\max_j \left\{ R_i \right\} - \min_j \left\{ R_i \right\}} \qquad (7\text{–}6)$$

式中，v 为决策机制系数，$v \in [0, \ 1]$。当 $v > 0.5$ 时，表示主要根据群体效用最大化制定决策；当 $v=0.5$ 时，采取折中的原则决策；当 $v < 0.5$ 时，表示根据个别遗憾最小化来制定决策。

步骤6：对各方案进行排序。按 S_i、R_i 以及 Q_i 值对各备选方案进行排序，数值越小表示相应的方案越优。

步骤7：确定妥协解方案。设按 Q_i 值递增得到的排序为 $Y^{(1)}$，$Y^{(2)}$，$\cdots$，$Y^{(J)}$，$\cdots$，$Y^{(m)}$，则备选方案的排序可依据排序条件1和排序条件2确定。

排序条件1 可接受优势条件：$Q\left[Y^{(2)} \right] - Q\left[Y^{(1)} \right] \geqslant \dfrac{1}{m-1}$。

排序条件2 决策过程中可接受的稳定性条件：方案 $Y^{(1)}$ 必须也是按照 S_i 值或 R_i 值排序第一的方案。

如果排序条件1和排序条件2同时满足，则方案 $Y^{(1)}$ 在决策过程中为稳定的最优方案。如果排序条件1和排序条件2不同时满足，当只满足排序条件1、不满足排序条件2时，方案 $Y^{(1)}$ 和方案 $Y^{(2)}$ 均为折中解方案，如果不满足排序条件1，通过

$$Q\left[Y^{(J)}\right] - Q\left[Y^{(1)}\right] < \frac{1}{m-1} \qquad (7\text{--}7)$$

得到最大的 J，此时方案 $Y^{(1)}$，$Y^{(2)}$，$\cdots$，$Y^{(J)}$ 为折中解方案。

7.3　案例研究

近年来，由于保护环境越来越受重视，消费者更青睐环保产品，企业也改变了生产工艺。生产环境友好型产品的首要条件是提供无害的原材料。因此，为了生产环保产品，企业必须与绿色供应商合作，以生产环境友好的产品。由于纺织品的广泛使用，人们期望绿色纺织产品。本节运用 AHP–VIKOR 方法对纺织制造商的绿色供应商选择进行了研究。

7.3.1　构建层次

目标层：确定最合适的绿色供应商。

准则层：5 个主要标准和 17 个次级标准。确定绿色供应商的选择标准，对标准和备选方案进行评估，收集公司四个规划专家组成的决策小组的意见。该问题的决策标准可以列举如表 7–1 所示。

方案层：7 个备选供应商。

表 7-1　层次结构

准则层	子准则层
绿色形象 C_1	社会责任 C_{11}
	保护现有客户 C_{12}
	环境感知 C_{13}
	市场份额 C_{14}
环境管理体系 C_2	质量认证 C_{21}
	适应法规 C_{22}
	环境政策的存在 C_{23}
绿色生产 C_3	减少有害材料的使用 C_{31}
	节能 C_{32}

续表

准则层	子准则层
绿色生产 C_3	废物处理 C_{33}
绿色设计 C_4	长寿命产品 C_{41}
	可回收产品 C_{42}
	优质产品 C_{43}
	回收 C_{44}
绿色包装 C_5	绿色包装 C_{51}
	减少包装的使用 C_{52}
	运输成本 C_{53}

7.3.2 权重确定

本节使用AHP方法确定准则权重，最终的权重如表7-2所示。

表7-2 准则权重

准则	权重	子准则	局部权重	全局权重
C_1	0.1456	C_{11}	0.0947	0.0138
		C_{12}	0.4244	0.0618
		C_{13}	0.3141	0.0457
		C_{14}	0.1667	0.0243
C_2	0.0855	C_{21}	0.4111	0.0351
		C_{22}	0.3278	0.0280
		C_{23}	0.2611	0.0223
C_3	0.2274	C_{31}	0.3338	0.0759
		C_{32}	0.5247	0.1193
		C_{33}	0.1416	0.0322
C_4	0.4783	C_{41}	0.1689	0.0808
		C_{42}	0.3501	0.1675
		C_{43}	0.3672	0.1756
		C_{44}	0.1139	0.0545
C_5	0.0632	C_{51}	0.3119	0.0197
		C_{52}	0.1976	0.0125
		C_{53}	0.4905	0.0310

7.3.3 VIKOR法选择方案

步骤1：构建决策矩阵。要求专家对备选供应商进行打分，构建决策矩阵。如表7-3所示。

表7-3 决策矩阵

备选方案	C_{11}	C_{12}	C_{13}	C_{14}	C_{21}	C_{22}	C_{23}	C_{31}	C_{32}	C_{33}	C_{41}	C_{42}	C_{43}	C_{44}	C_{51}	C_{52}	C_{53}
GS_1	6	8	8	6	6	4	6	8	6	4	6	4	10	4	4	4	2
GS_2	8	6	6	4	8	4	8	6	2	8	8	10	6	6	8	4	8
GS_3	10	8	8	6	4	8	6	8	10	10	6	8	10	8	6	2	4
GS_4	8	4	6	6	8	10	8	10	6	8	8	6	10	8	8	10	8
GS_5	6	4	4	8	8	8	6	4	2	6	4	10	8	4	6	4	8
GS_6	4	6	8	4	6	10	4	2	4	2	6	8	6	8	6	8	8
GS_7	8	10	8	6	10	8	6	6	8	4	10	6	6	6	8	8	6
f_i^*	10	10	8	8	10	10	8	10	10	10	10	10	10	8	8	10	8
f_i^-	4	4	4	4	4	4	4	22	2	4	4	6	4	4	2	2	—

步骤2：确定正负理想解。

步骤3：矩阵规范化。本节使用标准0-1变换，归一化的决策矩阵如表7-4所示。以备选方案GS_1的子准则C_{11}为例进行计算，得到结果：

$$r_{11} = \frac{y_j^{\max} - y_{ij}}{y_j^{\max} - y_j^{\min}} = \frac{10-6}{10-4} = \frac{4}{6} = 0.667$$

步骤4：构建加权规范化矩阵。构建好的加权规范化决策矩阵如表7-5所示。以备选方案GS_1的子准则C_{11}为例进行计算，得到加权结果：

$$v_{11} = r_{11} w_{11} = 0.667 \times 0.0138 = 0.009$$

步骤5：计算评群体效用值（S_i）和个体遗憾值（R_i）。具体结果如表7-6所示。以备选方案GS_1为例，计算S_i和R_i，结果如下：

$$S_1 = \sum_{j=1}^{n} w_j \cdot \left(\frac{f_i^* - f_{ij}}{f_i^* - f_i^-} \right) = \sum_{j=1}^{n} v_{1j}$$
$$= 0.009 + 0.021 + 0.000 + \cdots + 0.020 + 0.009 + 0.031 = 0.543$$

表7-4 标准化决策矩阵

备选方案	C11	C12	C13	C14	C21	C22	C23	C31	C32	C33	C41	C42	C43	C44	C51	C52	C53
GS1	0.667	0.333	0.000	0.500	0.667	1.000	0.500	0.250	0.500	0.750	0.667	1.000	0.000	1.000	1.000	0.750	1.000
GS2	0.333	0.667	0.500	1.000	0.333	1.000	0.000	0.500	1.000	0.250	0.333	0.000	1.000	0.500	0.000	0.750	0.000
GS3	0.000	0.333	0.000	0.500	1.000	0.333	0.500	0.250	0.000	0.000	0.667	0.333	0.000	0.000	0.500	1.000	0.667
GS4	0.333	1.000	0.500	0.500	0.333	0.000	0.000	0.000	0.500	0.250	0.333	0.667	0.000	0.000	0.000	0.000	0.000
GS5	0.667	1.000	1.000	0.000	0.333	1.000	0.500	0.750	1.000	0.500	1.000	0.000	0.500	1.000	0.500	0.500	0.333
GS6	1.000	0.667	0.000	1.000	0.667	0.000	1.000	1.000	0.750	1.000	1.000	0.667	1.000	0.000	0.500	0.250	0.000
GS7	0.333	0.000	0.000	0.500	0.000	0.333	0.500	0.500	0.250	0.750	0.000	0.333	0.500	0.500	0.000	0.250	0.333

表7-5 加权规范化决策矩阵

备选方案	C11	C12	C13	C14	C21	C22	C23	C31	C32	C33	C41	C42	C43	C44	C51	C52	C53
GS1	0.009	0.021	0.000	0.012	0.023	0.028	0.011	0.019	0.060	0.024	0.054	0.167	0.000	0.054	0.020	0.009	0.031
GS2	0.005	0.041	0.023	0.024	0.012	0.028	0.000	0.038	0.119	0.008	0.027	0.000	0.176	0.027	0.000	0.009	0.000
GS3	0.000	0.021	0.000	0.012	0.035	0.009	0.011	0.019	0.000	0.000	0.054	0.056	0.000	0.000	0.010	0.012	0.021
GS4	0.005	0.062	0.023	0.012	0.012	0.000	0.000	0.000	0.060	0.008	0.027	0.112	0.000	0.000	0.000	0.000	0.000
GS5	0.009	0.062	0.046	0.000	0.012	0.028	0.011	0.057	0.119	0.016	0.081	0.000	0.088	0.054	0.010	0.006	0.010
GS6	0.014	0.041	0.000	0.024	0.023	0.000	0.022	0.076	0.089	0.032	0.081	0.112	0.176	0.000	0.010	0.003	0.000
GS7	0.005	0.000	0.000	0.012	0.000	0.009	0.011	0.038	0.030	0.024	0.000	0.056	0.088	0.027	0.000	0.003	0.010

$$R_1 = \max_j \left[w_j \cdot \left(\frac{f_i^* - f_{ij}}{f_i^* - f_i^-} \right) \right] = \max_j \ v_{1j} = 0.167$$

表 7-6　群体效用值和个体遗憾值

备选方案	GS$_1$	GS$_2$	GS$_3$	GS$_4$	GS$_5$	GS$_6$	GS$_7$
S_i	0.543	0.537	0.260	0.319	0.609	0.704	0.313
R_i	0.167	0.176	0.056	0.112	0.119	0.176	0.088

步骤 6：确定群体利益系数 Q_i。设定 $v=0.5$，计算出 Q_i 值如表 7-7 所示。依然以 GS$_1$ 为例，计算出 Q_i：

$$Q_1 = 0.5 \times \frac{S_i - \min\limits_j \{S_i\}}{\max\limits_j \{S_i\} - \min\limits_j \{S_i\}} + (1-0.5) \times \frac{R_i - \min\limits_j \{R_i\}}{\max\limits_j \{R_i\} - \min\limits_j \{R_i\}}$$

$$= 0.5 \times \frac{0.543 - 0.260}{0.704 - 0.260} + (1-0.5) \times \frac{0.167 - 0.056}{0.176 - 0.056}$$

$$= 0.7850$$

式中：$\max\limits_j \{S_i\} = 0.704$，$\min\limits_j \{S_i\} = 0.260$，$\max\limits_j \{R_i\} = 0.176$，$\min\limits_j \{R_i\} = 0.056$。

表 7-7　群体利益系数值

备选方案	GS$_1$	GS$_2$	GS$_3$	GS$_4$	GS$_5$	GS$_6$	GS$_7$
Q_i	0.7850	0.8123	0.0000	0.2998	0.6588	1.0000	0.1938
排名	5	6	1	3	4	72	2

步骤 7：确定妥协解方案。

排序条件 1：按照 Q_i 排序得出最佳方案，$Q(\text{GS}_3)=0.0000$，$Q(\text{GS}_7)=0.1938$，

$$Q(\text{GS}_7) - Q(\text{GS}_3) = 0.1938 > \frac{1}{m-1} = \frac{1}{7-1} = 0.1667$$

因此，可接受优势条件满足要求。

排序条件 2：决策过程中可接受的稳定性条件：GS$_3$ 的 S_i 和 R_i 均为最小值，也排在第一，符合条件 2。

综上，供应商 GS$_3$ 为最佳方案。

思考题

1. VIKOR法的计算过程。

2. 假设有决策矩阵 A，其中 c_1 和 c_3 为效益型指标，c_2 为成本型指标，权重 w=(0.2，0.3，0.5)，试用TOPSIS找出最优解。

$$A = \begin{array}{c} \\ A_1 \\ A_2 \\ A_3 \end{array} \begin{array}{ccc} c_1 & c_2 & c_3 \\ \begin{pmatrix} 6 & 2 & 8 \\ 4 & 4 & 4 \\ 8 & 6 & 2 \end{pmatrix} \end{array}$$

第 8 章
PROMETHEE 法

本章知识点

1．PROMETHEE 法的概念、特点

2．PROMETHEE 法的计算步骤

8.1　PROMETHEE简介

偏好顺序结构排序法（Preference Ranking Organization Method for Enrichment Evaluation，PROMETHEE）是比利时布朗斯（Brans）教授于1984年提出的一种多属性决策方法。与ELECTRE Ⅰ法相比，PROMETHEE法起步较晚，但是目前应用很广。PROMETHEE也是建立在级别不劣于关系上的排序方法。其主要思想是利用偏好函数对方案两两比较，从而建立方案间的优序关系。

PROMETHEE最大的特点是方法易于理解且计算简单，对于实际的问题经济意义比较明确，另外它不需要对数据进行无量纲化和规范化处理以及不完全补偿性。它主要包括两个基本步骤：首先是在方案集中构造一种基于特定准则赋值的优先函数，反映决策者的偏好；其次是利用优先函数定义每一个方案的"流出（正流量）"和"流入（负流量）"，并按照提供的一组可行方案部分优先关系（PROMETHEE Ⅰ）或者是完全优先关系（PROMETHEE Ⅱ）进行决策。

PROMETHEE有以下几个特点：

第一，PROMETHEE法的关键在于确定指标的优先函数的类型和参数，而实际问题的决策有着比较明确的经济意义，所以能够比较容易地确定优先函数的类型和参数，而且决策者可以根据实际情况，按照自己的偏好决定评价准则的类型及参数，将决策者的主观意愿在结构中体现出来。这个特点便于指标体系的设计和评价。

第二，PROMETHEE方法计算简洁，数据更新十分便捷，能够根据环境的变化及时调整评价指标的数据。

第三，PROMETHEE法使用优先函数判断各个方案在某个指标的优劣时，已经对数据进行规范化，所以不需要对原始数据另行处理，减少了误差。

但由于有些优先函数的参数决定主观性过强，参数值的变化会对结果出现较大的差异，所以决策者在选择参数时应该慎重。

8.2 偏好函数

PROMETHEE Ⅱ方法利用偏好函数 $P_j(a_i, a_k)$ 来描述在属性 C_j 上方案 a_i 关于方案 x_k 的优先程度，即对每一个属性定义了一个偏好函数 $P_j(a_i, a_k)=F_j[d_j(a_i, a_k)]$，其中 $d_j(a_i, a_k)=a_{ij}-a_{kj}$。当 $P_j(a_i, a_k)=0$，方案 a_i 和方案 a_k 之间在属性 C_j 上没有差异。当 $P_j(a_i, a_k)\sim0$，方案 a_i 在属性 C_j 上弱优于方案 a_k。当 $P_j(a_i, a_k)\sim1$，方案 a_i 在属性 C_j 上强优于方案 a_k。当 $P_j(a_i, a_k)=1$，方案 a_i 在属性 C_j 上严格优于方案 a_k。

在实际应用中，PROMETHEE 提供六种偏好函数，决策者可以根据自己的偏好选择使用，当然也可以根据特定的情况自行构造偏好函数。下面介绍六种常用的一般性偏好函数。

（1）**常用偏好函数**（Usual Preference Function）

常用偏好函数适用于决策者不清楚如何去区别属性之间差异的优先程度，仅仅知道"越多越好"的原则。在这种情况下，只要方案 a_i 和方案 a_k 在属性 C_j 上有差异，即 $d(a_i,a_k)>0$，则认为方案 a_i 严格优于方案 a_k。否则若 $d(a_i, a_k)\leq0$，认为方案 a_i 与方案 a_k 无差异。

$$P(d)=\begin{cases}0, & d\leq0 \\ 1, & d>0\end{cases} \tag{8-1}$$

偏好函数 $P(d)$ 和属性值之差 d 的关系如图 8-1 所示。

（2）**U 型偏好函数**（U-shape Preference Function）

$$P(d)=\begin{cases}0, & d\leq q \\ 1, & d>q\end{cases} \tag{8-2}$$

U 型偏好函数与常用偏好函数不同的地方在于设定阈值 q 作为区分优先关系的差异值，即 $d(a_i, a_k)\leq q$ 时，方案 a_i 和方案 a_k 可以被看作是无差异的；当 $d(a_i, a_k)>q$ 时，方案 a_i 和方案 a_k 的关系就为严格优于关系。U 型偏好函数 $P(d)$ 与 d 的关系如图 8-2 所示。

（3）**V 型偏好函数**（V-shape Preference Function）

$$P(d)=\begin{cases}0, & d\leq0 \\ \dfrac{d}{p}, & 0<d\leq p \\ 1, & d>p\end{cases} \tag{8-3}$$

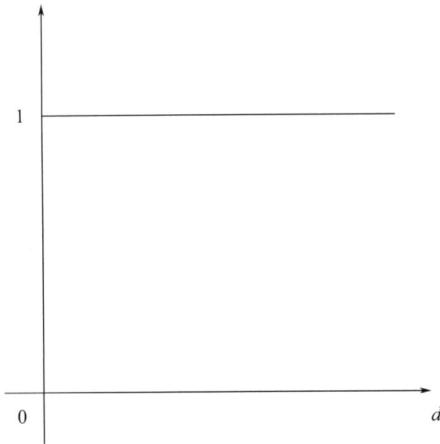

图8-1　常用偏好函数　　　　　　　图8-2　U型偏好函数

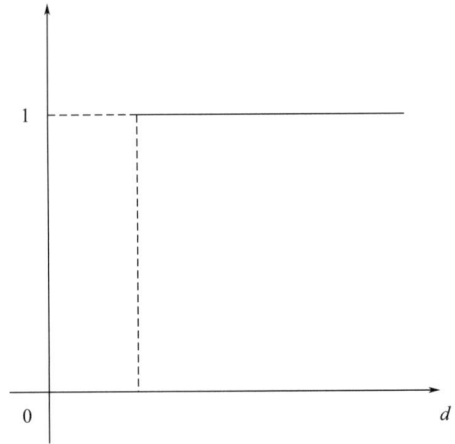

V型偏好函数也被称为线性偏好函数。当$d_j(a_i,\ a_k) \leqslant 0$时，认为方案$a_i$和方案$a_k$是无差异的。当$0 < d_j(a_i,\ a_k) \leqslant p$时，方案$a_i$与$a_k$的优先强度随$d$的增加而呈线性增长。当$d_j(a_i,\ a_k) > p$时，方案$a_i$严格优于方案$a_k$。阈值$p$的选取一般可以根据该属性值的最大差距来确定或者决策者依据实际问题自行决定。V型偏好函数$P(d)$与d的关系如图8-3所示。

（4）**分级偏好函数**（Level Preference Function）

$$P(d) = \begin{cases} 0, & d \leqslant q \\ \dfrac{1}{2}, & q < d \leqslant p \\ 1, & d > p \end{cases} \qquad (8\text{-}4)$$

偏好函数由q与p两个阈值来决定，当$d_j(a_i,\ a_k) \leqslant q$时，方案$a_i$与$a_k$是无差异的。当$q < d_j(a_i,\ a_k) \leqslant p$时，方案$a_i$弱优于方案$a_k$，偏好函数定义为$\dfrac{1}{2}$；而当$d_j(a_i,\ a_k) > q$时，方案$a_i$与$a_k$的关系就是严格优于关系。偏好函数$P(d)$与$d$的关系如图8-4所示。

（5）**无差异区间的V型偏好函数**（V-shape with Indifference Preference Function）

$$P(d) = \begin{cases} 0, & d \leqslant q \\ \dfrac{(d-p)}{(p-q)}, & q < d \leqslant p \\ 1, & d > p \end{cases} \qquad (8\text{-}5)$$

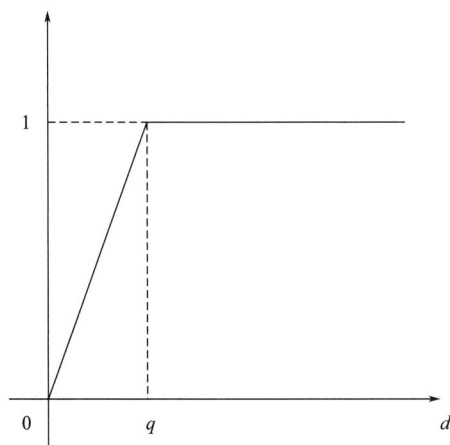

图8-3　∨型偏好函数

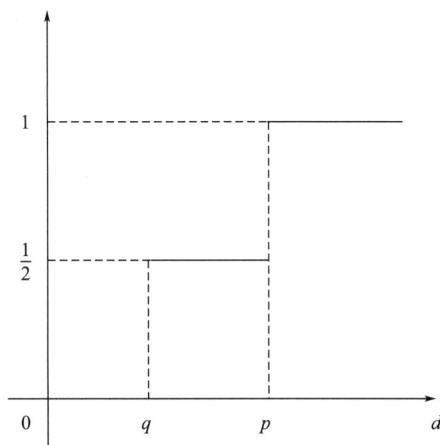

图8-4　分级偏好函数

当 $d_j(a_i,\ a_k) \leqslant q$ 时，方案 a_i 与 a_k 被看作是无差异的。当 $q < d_j(a_i,\ a_k) \leqslant p$ 时，方案 a_i 优于 a_k 的优先强度随 d 的增加而呈线性增长。而当 $d_j(a_i,\ a_k) > p$ 时，方案 a_i 严格优于方案 a_k。参数 p、q 的值在偏好函数识别的时候被确定。偏好函数 $P(d)$ 与 d 的关系如图8-5所示。

（6）高斯型偏好函数（Gaussian Preference Function）

$$P(d) = \begin{cases} 0, & d \leqslant 0 \\ 1 - e^{\left(-d^2/2\sigma^2\right)}, & d > 0 \end{cases} \qquad (8\text{--}6)$$

如图8-6所示为其 $P(d)$ 的图形，其中 σ 为原点到曲线拐点的距离。该偏好函数的高斯曲线只是非线性曲线的一个特例。

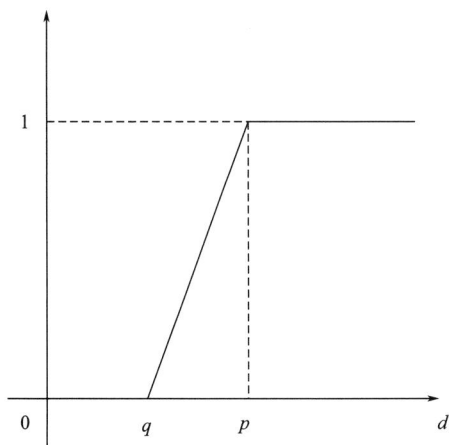

图8-5　无差异区间的∨型偏好函数

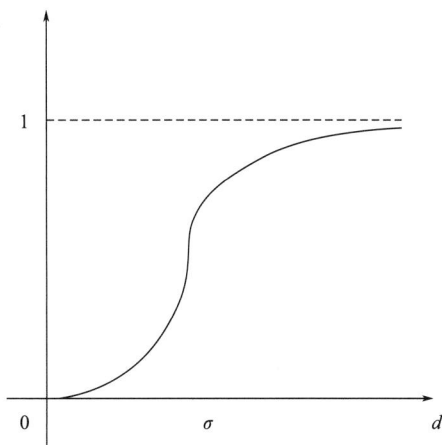

图8-6　高斯型偏好函数

8.3 PROMETHEE法的基本步骤

PROMETHEE法的基本思路是决策者根据自己的偏好为每一个属性选择或定义一个合适的偏好函数，然后利用偏好函数和属性权重，对备选方案进行两两比较，分别求出每个备选方案相对于其他备选方案的偏好指标，再进一步求出每一方案的流出量（Outgoing Flow）、流入量（Incoming Flow）和净流量（Net Flow），最后根据优先序关系确定方案的完全排序。

8.3.1 PROMETHEE I 的决策过程

步骤1：确定决策矩阵和属性的相对重要性（权重）。

步骤2：确定每个属性的偏好函数，可以从以上六个典型的偏好函数中选择；确定偏好函数所需的参数。

步骤3：确定方案两两比较的优先指数 $\pi(a_i, a_r)$：

$$\pi(a_i, a_r) = \sum_{j=1}^{n} w_j \cdot p_j \left[f_j(a_i) - f_j(a_r) \right] \tag{8-7}$$

步骤4：计算每个方案的流出量（Outgoing Flow）：

$$
\begin{aligned}
\Phi^+(a_i) &= \frac{1}{m-1} \sum_{r=1}^{m} \pi(a_i, a_r) \\
&= \frac{1}{m-1} \sum_{j=1}^{n} \sum_{r=1}^{m} w_j \cdot p_j \left[f_j(a_i) - f_j(a_r) \right] \\
&= \sum_{j=1}^{n} w_j \cdot p_{ij}^+
\end{aligned}
\tag{8-8}
$$

式中：$p_{ij}^+ = \frac{1}{m-1} \sum_{r=1}^{m} p_j \left[f_j(a_i) - f_j(a_r) \right]$。

步骤5：计算每个方案的流入量（Incoming Flow）：

$$
\begin{aligned}
\Phi^-(a_i) &= \frac{1}{m-1} \sum_{r=1}^{m} \pi(a_r, a_i) \\
&= \frac{1}{m-1} \sum_{j=1}^{n} \sum_{r=1}^{m} w_j \cdot p_j \left[f_j(a_r) - f_j(a_i) \right] \\
&= \sum_{j=1}^{n} w_j \cdot p_{ij}^-
\end{aligned}
\tag{8-9}
$$

式中，$p_{ij}^{-} = \frac{1}{m-1}\sum_{r=1}^{m}p_j\left[f_j\left(a_r\right)-f_j\left(a_i\right)\right]$。

根据流出量和流入量分别对方案排序，进而综合两种构成方案的部分排序（Partial Order）。部分排序中可能存在偏好关系的矛盾性，因此PROMETHEE Ⅰ有三种偏好关系：严格偏好（P）、偏好无差异（I）、偏好不可比（R）。

8.3.2 PROMETHEE Ⅱ的决策过程

PROMETHEE Ⅱ方法的步骤1~5与PROMETHEE Ⅰ法相同，剩余的步骤如下：

步骤6：确定净流量。

$\Phi(a_i)$是方案a_i的优先程度的反映，表示方案a_i的净流量，用流出量和流入量的差值表示。

$$
\begin{aligned}
\Phi\left(a_i\right) &= \Phi^{+}\left(a_i\right)-\Phi^{-}\left(a_i\right) \\
&= \frac{1}{m-1}\sum_{j=1}^{n}\sum_{r=1}^{m}w_j\cdot p_j\left[f_j\left(a_i\right)-f_j\left(a_r\right)\right]-\frac{1}{m-1}\sum_{j=1}^{n}\sum_{r=1}^{m}w_j\cdot p_j\left[f_j\left(a_r\right)-f_j\left(a_i\right)\right] \\
&= \sum_{j=1}^{n}w_j\left\{\frac{1}{m-1}\sum_{r=1}^{m}p_j\left[f_j\left(a_i\right)-f_j\left(a_r\right)\right]-p_j\left[f_j\left(a_r\right)-f_j\left(a_i\right)\right]\right\}
\end{aligned}
$$

$\Phi(a_i)$的值越大说明方案a_i的优先级别越好。

步骤7：确定完全排序（Complete Order）。

根据各个方案的净流量值大小确定其相应的优先级别，并构成方案的全排序。

8.4 案例研究

服装制造商和品牌需要从供应链中选择最理想的面料以及其季节性服装系列最时尚的服装设计产品，以在竞争激烈的市场中脱颖而出。服装面料不仅需要满足消费者审美性，而且需要具有令人满意的机械和磨损特性。某企业为了选择最适合本季夏装的棉面料，从市场上选取了17块棉面料，选择面料的覆盖系数（C_1）、径向拉伸强度（C_2）、纬向拉伸强度（C_3）、径向撕破强度（C_4）、纬向撕破强度（C_5）、透气性（C_6）、柔软度（C_7）作为评价指标，并从中选择一款合适的面料。

8.4.1 构建面料评价层次结构

构建如图8-7所示的面料评价层次结构。其中，目标层是选择最合适的面料，共包含七项准则，共有17个备选面料。

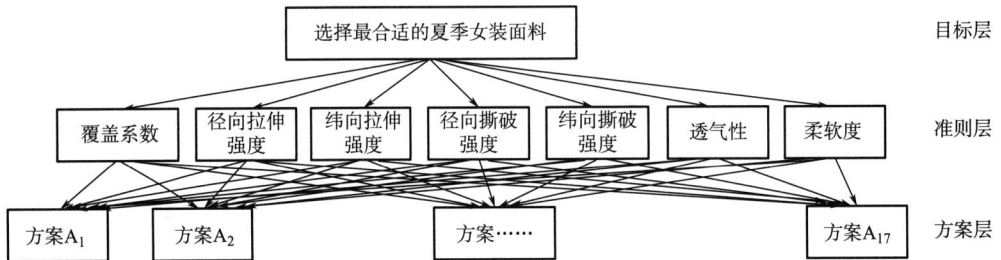

图8-7 面料评价层次结构

8.4.2 构建决策矩阵

邀请10位年轻女士（20～30岁）对面料属性进行打分，对评价结果取平均值，得到判断矩阵A。

$$A = \begin{pmatrix} 1.00 & 0.82 & 1.49 & 0.76 & 0.71 & 0.19 & 0.19 \\ 1.22 & 1.00 & 2.91 & 0.90 & 1.20 & 0.23 & 0.22 \\ 0.67 & 0.34 & 1.00 & 0.42 & 0.95 & 0.19 & 0.17 \\ 1.32 & 1.12 & 2.36 & 1.00 & 1.69 & 0.22 & 0.27 \\ 1.40 & 0.83 & 1.05 & 0.59 & 1.00 & 0.25 & 0.24 \\ 2.17 & 4.38 & 5.22 & 4.51 & 4.06 & 1.00 & 1.12 \\ 5.36 & 4.63 & 6.03 & 3.65 & 4.25 & 0.90 & 1.00 \end{pmatrix}$$

8.4.3 计算权重及一致性检测

（1）采用列和法计算权重

首先，判断矩阵A中每一列元素进行归一化得$B=(b_{ij})_{m \times n}$。以第一行第一列为例，计算结果如下：

$$b_{ij} = \frac{1}{1+1.22+0.67+1.32+1.4+5.17+5.36} = 0.0620$$

依此计算，得到归一化后的判断矩阵 B：

$$B = \begin{pmatrix} 0.0620 & 0.0625 & 0.0743 & 0.0641 & 0.0515 & 0.0647 & 0.0586 \\ 0.0756 & 0.0762 & 0.1464 & 0.0755 & 0.0868 & 0.0765 & 0.0677 \\ 0.0415 & 0.0259 & 0.0498 & 0.0359 & 0.0686 & 0.0644 & 0.0521 \\ 0.0818 & 0.0854 & 0.1174 & 0.0846 & 0.1222 & 0.0745 & 0.0859 \\ 0.0867 & 0.0633 & 0.0523 & 0.0499 & 0.0721 & 0.0825 & 0.0737 \\ 0.3203 & 0.3338 & 0.2598 & 0.3814 & 0.2926 & 0.3355 & 0.3484 \\ 0.3321 & 0.3529 & 0.3001 & 0.3087 & 0.3063 & 0.3019 & 0.3136 \end{pmatrix}$$

其次，对判断矩阵 B 按行求和，得 $C=(C_1，C_2，\cdots，C_n)^{\mathrm{T}}$，其中 $C_i = \sum_{j=1}^{n} b_{ij}$。以第一行为例，得：

$$C_1 = 0.0620 + 0.0625 + 0.0742 + 0.0641 + 0.0515 + 0.0647 + 0.0586 = 0.4377$$

依此计算，得到 $C=(0.4377，0.6047，0.3381，0.6517，0.4804，2.2718，2.2155)$。

然后，将 C 归一化得 $W=(W_1，W_2，\cdots，W_n)^{\mathrm{T}}$，其中 $W_i = \dfrac{C_i}{\sum_{i=1}^{n} C_i}$。以第一个属性为例，得

$$W_1 = \frac{0.4377}{0.4377 + 0.6047 + 0.3381 + 0.6517 + 0.4804 + 2.2718 + 2.2155} = 0.0625$$

最终，得到属性权重为 $W=(0.0625，0.0864，0.0483，0.0931，0.0686，0.3245，0.3165)^{\mathrm{T}}$。

（2）一致性检测

首先，求最大特征根 $\lambda_{\max}$。计算 $\lambda_{\max} = \dfrac{1}{n} \sum_{i=1}^{n} \dfrac{(AW)_i}{W_i}$ 作为最大特征根的近似值，其中 $(AW)_i$ 表示 AW 的第 i 个分量。以 AW 的第 1 个分量为例，计算如下：

$$AW_1 = 1 \times 0.0625 + 0.82 \times 0.0864 + 1.493 \times 0.0483 + 0.758 \times 0.0931 +$$
$$0.714 \times 0.0686 + 0.193 \times 0.3245 + 0.187 \times 0.3126 = 0.4469$$

依次计算，得到：

$AW_2 = 0.6129$，$AW_3 = 0.3392$，$AW_4 = 0.6615$，$AW_5 = 0.4877$，$AW_6 = 2.3285$，$AW_7 = 2.2665$

于是判断矩阵 A 的最大特征根 $\lambda_{\max}$ 为：

$$\lambda_{\max} = \frac{1}{7} \times \left(\frac{0.4469}{0.0625} + \frac{0.6129}{0.0864} + \frac{0.3392}{0.0483} + \frac{0.6615}{0.0931} + \frac{0.4877}{0.0686} + \frac{2.3285}{0.3245} + \frac{2.2665}{0.3165} \right) = 7.1161$$

然后，计算一致性指标 CI：

$$CI = \frac{\lambda_{\max} - n}{n - 1} = \frac{7.1161 - 7}{7 - 1} = 0.0193$$

接着，计算一致性比率CR：

$$CR = \frac{CI}{RI} = \frac{0.0193}{1.32} = 0.0146 < 0.1$$

因此，判断矩阵A的一致性能被接受。

8.4.4　PROMETHEE II法

表8–1给出了决策矩阵D，共包含17个面料样本和7种属性。

表8–1　PROMETHEE 决策矩阵

指标	C_1	C_2	C_3	C_4	C_5	C_6	C_7
	0.06	0.09	0.05	0.09	0.07	0.33	0.32
F1	20.4	245.9	154.7	12	9.4	182	61
F2	23.2	281.6	254.9	14	8.7	174	151.5
F3	20	220.5	202.7	9.8	8.9	259	59.5
F4	21.2	261.7	204.8	16.1	12.1	196	67.1
F5	22.4	288.1	201.8	11.8	7.3	136	44.6
F6	21.3	258.1	199.2	14.7	10.6	216	123.5
F7	19.2	187.6	149.6	13.4	10	179	87.1
F8	23.2	238.8	176.6	11.4	11.3	121	87
F9	23	292.1	135.3	11.5	10	111	58.5
F10	24.1	296.2	172.9	11.6	8.2	96	48.1
F11	25.3	352.2	211.7	6.5	5.8	60	24.4
F12	25	262.2	209.2	11.1	8.7	62	55.2
F13	23.9	278.6	176.9	11.5	9.9	102	67.1
F14	23.6	268.9	156	9.1	8.8	77	87
F15	23.3	338.7	207.3	13.7	9.6	138	69.4
F16	19.7	183.5	177.7	14.8	10	170	91.7
F17	23.8	268.8	207	8.4	8.3	115	86.7

首先，确定每个属性的偏好函数。在本节中，所有属性均采用"常用偏好函数"。

$$P(d) = \begin{cases} 0, & d \leq 0 \\ 1, & d > 0 \end{cases}$$

其次，确定方案两两比较的优先指数。

作为示例，表8-2显示了F_1在各个属性上优于其他方案的程度。

表8-2 应用PROMETHEE确定优先指数（F_1与其他方案比较）

指标	C_1	C_2	C_3	C_4	C_5	C_6	C_7
(F_1, F_2)	0	0	0	0	1	1	0
(F_1, F_3)	1	1	0	1	1	0	1
(F_1, F_4)	0	0	0	0	0	0	0
(F_1, F_5)	0	0	0	1	1	1	1
(F_1, F_6)	0	0	0	0	0	0	0
(F_1, F_7)	1	1	1	0	0	1	0
(F_1, F_8)	0	1	0	1	0	1	0
(F_1, F_9)	0	0	1	1	0	1	1
(F_1, F_{10})	0	0	0	1	1	1	1
(F_1, F_{11})	0	0	0	1	1	1	1
(F_1, F_{12})	0	0	0	1	1	1	1
(F_1, F_{13})	0	0	0	1	0	1	0
(F_1, F_{14})	0	0	0	1	1	1	0
(F_1, F_{15})	0	0	0	0	1	1	0
(F_1, F_{16})	1	1	0	0	0	1	0
(F_1, F_{17})	0	0	0	1	1	1	0

以F_1和F_2为例，比较F_1和F_2的相对优劣：

$$\pi(F_1, F_2) = \sum_{i=1}^{7} w_j P_j(F_1, F_2) = \sum_{i=1}^{7} w_j P_j \left[f_j(F_1), f_j(F_2) \right]$$

$$= w_1 p_1 (20.4 - 23.2) + w_2 p_2 (245.9 - 281.6) + w_3 p_3 (154.7 - 254.6) + w_4 p_4 (12 - 14) +$$
$$\quad w_5 p_5 (9.4 - 8.7) + w_6 p_6 (182 - 174) + w_7 p_7 (61 - 151.5)$$

$$= w_1 p_1 (-2.8) + w_2 p_2 (-35.7) + w_3 p_3 (-99.9) + w_4 p_4 (-2) +$$
$$\quad w_5 p_5 (0.7) + w_6 p_6 (8) + w_7 p_7 (-90.5)$$

$$= 0.06 p_1 (-2.8) + 0.09 p_2 (-35.7) + 0.05 p_3 (-99.9) + 0.09 p_4 (-2) +$$

$$0.07p_5(0.7) + 0.33p_6(8) + 0.32p_7(-90.5)$$
$$= 0.06 \times 0 + 0.09 \times 0 + 0.05 \times 0 + 0.09 \times 0 + 0.07 \times 1 + 0.33 \times 1 + 0.32 \times 0$$
$$= 0.40$$

$$\pi(F_2, F_1) = \sum_{i=1}^{7} w_j P_j(F_2, F_1) = \sum_{i=1}^{7} w_j P_j \left[f_j(F_2), f_j(F_1) \right]$$
$$= w_1 p_1(23.2 - 20.4) + w_2 p_2(281.6 - 245.9) + w_3 p_3(254.6 - 154.7) + w_4 p_4(14 - 12)$$
$$+ w_5 p_5(8.7 - 9.4) + w_6 p_6(174 - 182) + w_7 p_7(151.5 - 61)$$
$$= w_1 p_1(2.8) + w_2 p_2(35.7) + w_3 p_3(99.9) + w_4 p_4(2)$$
$$+ w_5 p_5(-0.7) + w_6 p_6(-8) + w_7 p_7(90.5)$$
$$= 0.06p_1(2.8) + 0.09p_2(35.7) + 0.05p_3(99.9) + 0.09p_4(2)$$
$$+ 0.07p_5(-0.7) + 0.33p_6(-8) + 0.32p_7(90.5)$$
$$= 0.06 \times 1 + 0.09 \times 1 + 0.05 \times 1 + 0.09 \times 1 + 0.07 \times 0 + 0.33 \times 0 + 0.32 \times 1$$
$$= 0.61$$

由上述结果可知，F_1 在综合评价中优于 F_2 的可能性为 0.40，而 F_2 在综合评价中优于 F_1 的可能性为 0.61。

根据式（8-10），最终计算出每个方案的流入量、流出量、净流量和排序，如表8-3所示。由表可知，F6为最佳方案。

表8-3　方案流入量、流出量、净流量和排序

排名	备选方案	净流量	流出量	流入量
1	F6	0.6357	0.8179	0.1821
2	F2	0.5685	0.7804	0.2119
3	F4	0.3345	0.6565	0.3220
4	F16	0.3024	0.6470	0.3446
5	F7	0.2631	0.6274	0.3643
6	F15	0.2524	0.6262	0.3738
7	F8	0.0298	0.5024	0.4726
8	F3	0.0286	0.5143	0.4857
9	F1	0.0179	0.5089	0.4911
10	F17	−0.0964	0.4518	0.5482
11	F13	−0.1327	0.4202	0.5530
12	F14	−0.1643	0.4071	0.5714

续表

排名	备选方案	净流量	流出量	流入量
13	F9	-0.1946	0.3958	0.5905
14	F5	-0.3131	0.3435	0.6565
15	F10	-0.4202	0.2899	0.7101
16	F12	-0.4863	0.2548	0.7411
17	F11	-0.6250	0.1875	0.8125

思考题

1. 简述 PROMETHEE II 的计算流程。

2. 现有一多属性决策问题，如表 8-4 所示，包含 6 个方案和 6 个指标，请用 PROMETHEE II 法选择最优方案。

表 8-4 决策矩阵

指标	c_1 (min)	c_2 (max)	c_3 (min)	c_4 (min)	c_5 (min)	c_6 (max)	偏好函数	参数
a_1	80	90	60	5.4	8	5	II	$l=10$
a_2	65	58	20	9.7	1	1	III	$m=30$
a_3	83	60	40	7.2	4	7	V	$s=5$；$r=45$
a_4	40	80	100	7.5	7	10	I	$q=1$；$p=5$
a_5	52	72	60	2	3	8	I	—
a_6	94	96	70	3.6	5	6	VI	$\sigma=5$

第 9 章
ELECTRE 法

本章知识点

1. ELECTRE 法的概念、特点

2. ELECTRE 法的计算步骤

9.1 ELECTRE法简介

9.1.1 ELECTRE的概念

选择消去法（ELECTRE）是法国人罗伊（Roy）于1971年首先提出的，法文全称为Elimination et Choice Translating Reality。经过多年的研究发展，如今这种方法已经有多种变形，最常用的有ELECTRE Ⅰ、ELECTRE Ⅱ、ELECTRE Ⅲ、ELECTRE Ⅳ四种方法。

ELECTRE提出后，被广泛用于解决现实决策问题，在之后的几十年里逐渐发展成为包含一系列同族方法的方法体系。体系中的每种方法用于解决不同的实际问题。其中，罗伊根据决策者如何分析问题以及以何种结果为目标定义了四种类型的多准则决策问题。ELECTRE Ⅱ方法被设计用于将所有备选方案按照顺序从最优到最差进行排列，也被称为排序问题。在ELECTRE方法体系中，ELECTRE Ⅲ和Ⅳ也被用于解决排序问题，ELECTRE Ⅱ与它们的不同之处在于，对真实存在的指标和明晰数据的方案进行排列，其他两种方法基于非现实指标进行排列且Ⅳ不考虑指标的权重。

9.1.2 ELECTRE的特点

ELECTRE法的优点在于方法容易被决策者理解，计算方法可以程序化，决策者可以根据问题的特点和决策矩阵的数据设定运用计算机编程计算。

ELECTRE法的缺点是对决策矩阵提供的信息不能完全利用，但这一点也比选用相对位置的方案排列法更有效。

9.1.3 ELECTRE的分类

（1）ELECTRE Ⅰ

运用级别不低于关系的概念，整个过程是一个减少非支配集的过程，如果一个方案在一定程度上被其他方案支配，则这个方案被排除。这个方法是第一个累计偏好而不是属性表现的方法。

（2）ELECTRE Ⅱ

引入两种级别不劣于关系：强级别不劣于关系与弱级别不劣于关系。ELECTRE Ⅰ是找出最优方案的集合，ELECTRE Ⅱ可以对方案进行排序。

（3）ELECTRE Ⅲ

ELECTRE Ⅲ使用伪属性，引入严格偏好临界值、无差异临界值和否决临界值。否决临界值的设置应至少等于严格优于临界值，通常设为严格优于临界值的三倍。引入置信水平对方案进行排序，每个方案不同属性的表现不需要是可比的尺度。

（4）ELECTRE Ⅳ

ELECTRE Ⅳ是一种赋值的级别不劣于关系，过程与ELECTRE Ⅲ相似但是不需要权重。在ELECTRE Ⅳ中，属性是伪属性，每个属性函数包含严格偏好临界值、无差异临界值和否决临界值。

（5）ELECTRE TRI

ELECTRE TRI是基于方案与参考方案的两两比较，而非决策矩阵中方案间的两两比较。与ELECTRE Ⅲ法相同，确定一致指数与不一致指数及可信度指数。排序方法采取悲观分类与乐观分类法，并最终加以综合。

（6）ELECTRE IS

方法与 ELECTRE Ⅰ相同，是ELECTRE Ⅰ的模糊函数扩展版。ELECTRE IS使用伪属性，即为每个属性确定无差异属性值、严格偏好属性值和否决临界值。

9.2 ELECTRE法计算步骤

ELECTRE法的具体步骤如图9-1所示，现对具体步骤进行详细介绍。

步骤1：构建决策矩阵X：

$$X = \begin{pmatrix} x_{11} & x_{12} & \cdots & x_{1n} \\ x_{21} & x_{22} & \cdots & x_{2n} \\ \vdots & \vdots & \ddots & \vdots \\ x_{m1} & x_{m2} & \cdots & x_{mn} \end{pmatrix}_{m \times n} \quad i=1,\ 2,\ \cdots,\ m,\ \ j=1,\ 2,\ \cdots,\ n \quad (9-1)$$

步骤2：建立规范化决策矩阵。

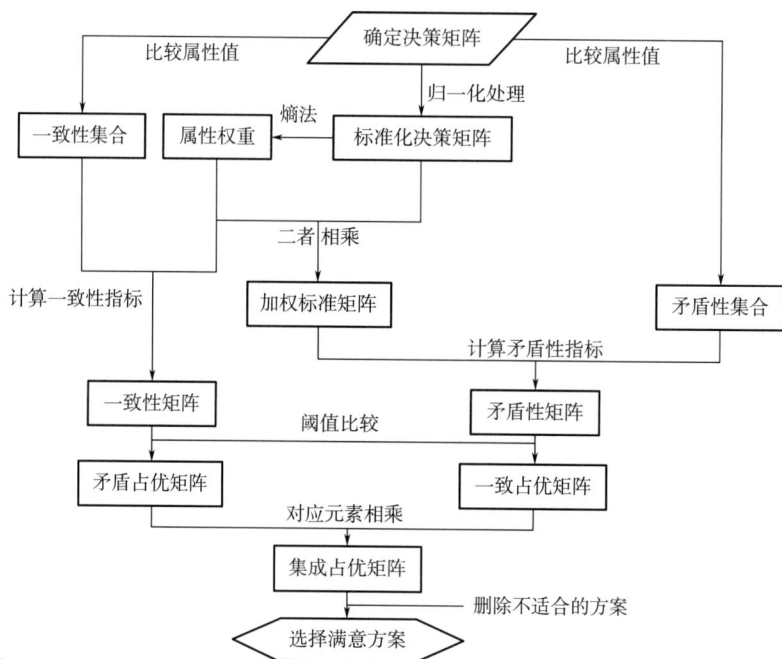

图9-1　ELECTRE I法流程图

使用前文所述的线性变换、向量规范化、0-1变换等方法对决策矩阵 X 进行标准化操作，建立规范化决策矩阵 R。其中，r_{ij} 表示规范化决策矩阵第 i 行第 j 列的属性值。

步骤3：构造加权规范化决策矩阵 $V = R \cdot W = [v_{ij}]_{m \times n}$，其中：

$$v_{ij} = \sum_{i=1}^{n} r_{ij} \cdot w_j \tag{9-2}$$

步骤4：确定一致性集合（和谐集）和一致性矩阵 C_{kl}。将方案集合 V 中的任意2个方案 V_k 和 V_l 对应的 v 值进行优劣比较。若 V_k 优于 V_l，就将 V_k 归类于一致集 C_{kl}：

$$C_{kl} = \{j | v_{kj} \geqslant v_{lj}\} \tag{9-3}$$

此外，一致性指数由式（9-4）决定：

$$C_{kl} = \sum_{j \in C_{kl}} w_j, \ 0 \leqslant C_{kl} \leqslant 1 \tag{9-4}$$

一致性指数构成一致性矩阵，如式（9-5）所示：

$$C = \left(c_{kl}\right)_{m \times m} = \begin{pmatrix} - & c_{12} & \cdots & c_{1m} \\ c_{21} & - & \cdots & c_{2m} \\ \vdots & \vdots & \ddots & \vdots \\ c_{m1} & c_{m2} & \cdots & - \end{pmatrix} \tag{9-5}$$

步骤 5：确定非一致性集合（不和谐集）和非一致性矩阵 $\boldsymbol{D}_{kl}$：

$$\boldsymbol{D}_{kl}=\{j|v_{kj}<v_{lj}\}=j-C_{kl} \qquad （9-6）$$

此外，非一致性指数由式（9-7）决定：

$$d_{kl}=\frac{\max\limits_{j\in d_{i,k}}\left|v_{kj}-v_{lj}\right|}{\max\limits_{j\in J}\left|v_{kj}-v_{lj}\right|} \qquad （9-7）$$

非一致性指数组成非一致性矩阵由式（9-8）决定：

$$\boldsymbol{D}=\left(d_{kl}\right)_{m\times m}=\begin{pmatrix} - & d_{12} & \cdots & d_{1m} \\ d_{21} & - & \cdots & d_{2m} \\ \vdots & \vdots & \ddots & \vdots \\ d_{m1} & d_{m2} & \cdots & - \end{pmatrix} \qquad （9-8）$$

步骤 6：构建一致性支配矩阵 $\boldsymbol{F}$（Concordance matrix）：

$$\boldsymbol{F}_{m\times m}=\left(f_{kl}\right); f_{kl}=\begin{cases} 1, c_{kl}\geqslant \bar{c} \\ 0, c_{kl}<\bar{c} \end{cases} \qquad （9-9）$$

其中，$\bar{c}$ 表示一致性指数的阈值，用一致性矩阵的平均值表示，计算如下：

$$\bar{c}=\sum_{k=1}^{m}\sum_{l=1}^{m}\frac{c_{kl}}{m(m-1)} \qquad （9-10）$$

步骤 7：构建非一致性支配矩阵 $\boldsymbol{G}$（Discordance matrix）：

$$\boldsymbol{G}_{m\times m}=\left(g_{kl}\right); g_{kl}=\begin{cases} 1, d_{kl}\leqslant \bar{d} \\ 0, d_{kl}>\bar{d} \end{cases} \qquad （9-11）$$

其中，$\bar{D}$ 表示非一致性矩阵的平均值，计算如下：

$$\bar{d}=\sum_{k=1}^{m}\sum_{l=1}^{m}\frac{d_{kl}}{m(m-1)} \qquad （9-12）$$

步骤 8：确定综合优势判定矩阵 $\boldsymbol{E}$：该矩阵式一致性支配矩阵和非一致性支配矩阵的交，该矩阵元素被定义为：

$$E_{m\times m}=(e_{kl}); e_{kl}=f_{kl}\cdot g_{kl} \qquad （9-13）$$

步骤 9：确定方案优劣关系。$\boldsymbol{E}$ 矩阵分析决策结果：若任何一列上只要有一个元素为 1，则该方案应该被剔除，因为列方案为 1 的元素意味着列方案被对应的行方案"压倒"。

步骤 10：计算净优势值：

$$c_k = \sum_{l=1,l\neq k}^{m} e_{kl} - \sum_{l=1,l\neq k}^{m} e_{lk} \qquad (9\text{-}14)$$

构造矩阵 **F**、**G** 和 **E** 的目的是确定同时满足一致指数条件和不一致指数条件的方案对，即：

$$aSb \Leftrightarrow \begin{cases} c(a,\ b) \geqslant \bar{c} \\ d(a,\ b) \geqslant \bar{d} \end{cases} \qquad (9\text{-}15)$$

根据级别不劣于关系建立指向图，箭头代表不劣于关系。

ELECTRE Ⅰ法的评述：

第一，该方法是一个比较有效的方法，因为它逻辑简单，充分利用决策矩阵中的信息，精练计算过程。

第二，ELECTRE Ⅰ中，不一致指数用于表达否决程度，如果超过临界值，则表示方案 a 在某个属性上的表现太差，可以"否决"方案 a 优于方案 b 的论断。

第三，确定临界值 $\bar{c}$、$\bar{d}$ 的大小是一个难点，且对偏好关系的确定有很大的影响。临界值的确定有一定的人为因素，当 $\bar{c}=1$、$\bar{d}=0$ 为最极端的情况，会导致没有一个方案被剔除。

第四，随着 $\bar{c}$ 变小、$\bar{d}$ 增大，可以逐渐减少非劣方案的数目。

9.3 案例研究

本节利用"熵—ELECTRE Ⅱ"混合优化方法在一组天然纤维增强复合材料中选择最佳制动摩擦复合材料。对符合IS 2742标准的蔡斯摩擦试验机的摩擦学试验结果，对9个样品从7个性能属性进行分析，如表9-1所示。

表9-1 纤维性能属性

方案	C_1	C_2	C_3	C_4	C_5	C_6	C_7
FM1	0.518	36.10	1.32	111.20	0.88	0.49	0.255
FM2	0.526	24.71	1.41	108.56	0.90	0.36	0.187
FM3	0.511	51.86	1.65	113.11	0.87	0.67	0.340
FM4	0.544	30.33	1.08	107.54	0.93	0.38	0.206

续表

方案	C_1	C_2	C_3	C_4	C_5	C_6	C_7
FM5	0.540	33.70	1.21	108.70	0.92	0.42	0.229
FM6	0.532	39.85	1.45	111.09	0.90	0.51	0.271
FM7	0.548	36.31	1.22	107.66	0.93	0.44	0.241
FM8	0.540	38.89	1.36	108.89	0.90	0.50	0.268
FM9	0.538	44.24	1.54	108.92	0.88	0.57	0.308

首先对原始决策矩阵进行标准化，同时，本节使用熵权法计算出属性值，如表9-2所示。

表9-2 标准化决策矩阵及属性权重

方案	C_1	C_2	C_3	C_4	C_5	C_6	C_7
FM1	0.108	0.112	0.112	0.113	0.109	0.111	0.111
FM2	0.110	0.116	0.111	0.11	0.111	0.115	0.115
FM3	0.107	0.106	0.108	0.115	0.107	0.106	0.107
FM4	0.113	0.114	0.114	0.109	0.115	0.114	0.114
FM5	0.113	0.113	0.113	0.11	0.113	0.113	0.113
FM6	0.111	0.110	0.11	0.113	0.111	0.11	0.11
FM7	0.114	0.112	0.113	0.109	0.115	0.112	0.112
FM8	0.113	0.111	0.111	0.111	0.111	0.111	0.111
FM9	0.112	0.109	0.109	0.111	0.109	0.109	0.108
权重	0.0136	0.3106	0.1229	0.0102	0.0137	0.2799	0.2491

构建一致性指数和一致决策矩阵，如表9-3所示。以（FM1，FM2）和（FM1，FM3）为例进行计算。

C(FM1，FM2)=(0.108−0.110)+(0.112−0.116)+(0.112−0.111)+⋯+(0.111−0.115)

=(−0.002)+(−0.004)+(0.001)+(0.003)+(−0.002)+(−0.004)+(−0.004)

=0+0+0.1229+0.0102+0+0+0=0.1331

C(FM1，FM3)=(0.108−0.107)+(0.112−0.106)+(0.112−0.108)+⋯+(0.111−0.117)

=(0.001)+(0.006)+(0.004)+(−0.002)+(0.002)+(0.005)+(0.004)

=0.0136+0.3106+0.1229+0+0.0137+0.2799+0.2491

=0.9898

表9-3　一致性决策矩阵

方案	FM1	FM2	FM3	FM4	FM5	FM6	FM7	FM8	FM9
FM1	—	0.1331	0.9898	0.0102	0.0102	0.9676	0.1655	0.7082	0.9796
FM2	0.8669	—	0.9898	0.8498	0.8447	0.9694	0.8498	0.9079	0.9762
FM3	0.0102	0.0102	—	0.0102	0.0102	0.0102	0.0102	0.0102	0.0102
FM4	0.9898	0.9898	0.9898	—	0.9830	0.9898	0.9745	0.983	0.9898
FM5	0.9898	0.1553	0.9898	0.017	—	0.9898	0.9113	0.983	0.9898
FM6	0.0324	0.0307	0.9898	0.0102	0.0102	—	0.0102	0.0171	0.9864
FM7	0.8345	0.1502	0.9898	0.0256	0.0888	0.9898	—	0.9898	0.9898
FM8	0.2918	0.0921	0.9898	0.017	0.017	0.983	0.0102	—	0.9949
FM9	0.0205	0.0238	0.9898	0.0102	0.0102	0.0136	0.0102	0.0051	—

构建不一致系数和不一致矩阵，如表9-4所示。以（FM1，FM2）和（FM1，FM3）为例进行计算。

$$D(\text{FM1, FM2}) = (d_1 = 0.110 - 0.108),\ (d_2 = 0.116 - 0.112),\ \cdots,\ (d_7 = 0.115 - 0.111)$$
$$= (d_1 = 0.002),\ (d_2 = 0.004),\ (d_3 = -0.001),\ (d_4 = -0.003),\ (d_5 = 0.002),$$
$$(d_6 = 0.004),\ (d_7 = 0.004)$$

$$D(\text{FM1, FM2}) = \frac{\max(d_1,\ d_7)}{\max|d_1,\ d_7|} = \frac{0.004}{0.004} = 1$$

表9-4　不一致决策矩阵

方案	FM1	FM2	FM3	FM4	FM5	FM6	FM7	FM8	FM9
FM1	—	1.000	0.3333	1.000	1.000	1.000	1.000	1.000	1.000
FM2	0.750	—	0.500	1.000	1.000	0.500	1.000	0.6	0.2857
FM3	1.000	1.000	—	1.000	1.000	1.000	1.000	1.000	1.000
FM4	0.6667	0.500	0.750	—	0.500	1.000	0.500	0.500	0.3333
FM5	0.600	1.000	0.7143	1.000	—	1.000	1.000	0.500	0.200

续表

方案	FM1	FM2	FM3	FM4	FM5	FM6	FM7	FM8	FM9
FM6	0.6667	1.000	0.500	1.000	1.000	—	1.000	1.000	0.500
FM7	0.6667	1.000	0.750	1.000	0.500	1.000	—	0.500	0.3333
FM8	0.400	1.000	0.6667	1.000	1.000	1.000	1.000	—	0.000
FM9	0.750	1.000	0.800	1.000	1.000	1.000	1.000	1.000	—

基于一致性指数，计算一致性指数阈值，并构建一致性支配矩阵 F。由式（9-10）得到，一致性指数阈值 $\bar{c}=0.5117$。据此，由式（9-9）得到一致性支配矩阵 F。

$$F = \begin{pmatrix} - & 0 & 1 & 0 & 0 & 1 & 0 & 1 & 1 \\ 1 & - & 1 & 1 & 1 & 1 & 1 & 1 & 1 \\ 0 & 0 & - & 0 & 0 & 0 & 0 & 0 & 0 \\ 1 & 1 & 1 & - & 1 & 1 & 1 & 1 & 1 \\ 1 & 0 & 1 & 0 & - & 1 & 1 & 1 & 1 \\ 0 & 0 & 1 & 0 & 0 & - & 0 & 0 & 1 \\ 1 & 0 & 1 & 0 & 0 & 1 & - & 1 & 1 \\ 0 & 0 & 1 & 0 & 0 & 1 & 0 & - & 1 \\ 0 & 0 & 1 & 0 & 0 & 0 & 0 & 0 & - \end{pmatrix}$$

根据不一致指数，计算不一致指数临界值，并构建非一致性支配矩阵 G。由式（9-12）得到，$\bar{d}=0.8023$。据此，由式（9-11）得到非一致性支配矩阵 G。

$$G = \begin{pmatrix} - & 0 & 1 & 0 & 0 & 0 & 0 & 0 & 0 \\ 1 & - & 1 & 0 & 0 & 1 & 0 & 1 & 1 \\ 0 & 0 & - & 0 & 0 & 0 & 0 & 0 & 0 \\ 1 & 1 & 1 & - & 1 & 0 & 1 & 1 & 1 \\ 1 & 0 & 1 & 0 & - & 0 & 0 & 1 & 1 \\ 1 & 0 & 1 & 0 & 0 & - & 0 & 0 & 1 \\ 1 & 0 & 1 & 0 & 1 & 0 & - & 1 & 1 \\ 1 & 0 & 1 & 0 & 0 & 0 & 0 & - & 1 \\ 1 & 0 & 1 & 0 & 0 & 0 & 0 & 0 & - \end{pmatrix}$$

确定综合优势判定矩阵 E。将 F 与 G 中对应元素相乘，得到综合优势判定矩阵 E。

$$E = \begin{pmatrix} - & 0 & 1 & 0 & 0 & 0 & 0 & 0 & 0 \\ 1 & - & 1 & 0 & 0 & 1 & 0 & 1 & 1 \\ 0 & 0 & - & 0 & 0 & 0 & 0 & 0 & 0 \\ 1 & 1 & 1 & - & 1 & 0 & 1 & 1 & 1 \\ 1 & 0 & 1 & 0 & - & 0 & 0 & 1 & 1 \\ 0 & 0 & 1 & 0 & 0 & - & 0 & 0 & 1 \\ 1 & 0 & 1 & 0 & 0 & 0 & - & 1 & 1 \\ 0 & 0 & 1 & 0 & 0 & 0 & 0 & - & 1 \\ 0 & 0 & 1 & 0 & 0 & 0 & 0 & 0 & - \end{pmatrix}$$

确定方案优劣关系，删除较劣方案。由矩阵 E 可知，方案4最好。

思考题

1. 简述ELECTRE法的计算流程。

2. 假设有决策矩阵 A，所有指标均为效益型指标，权重 $w = (0.2，0.3，0.5)$，请以 ELECTRE 找出三个方案间的优劣关系。

$$A = \begin{matrix} & \begin{matrix} c_1 & c_2 & c_3 \end{matrix} \\ \begin{matrix} A_1 \\ A_2 \\ A_3 \end{matrix} & \begin{pmatrix} 0.3 & 1 & 0.6 \\ 0.5 & 0.4 & 1 \\ 1 & 0.2 & 0.8 \end{pmatrix} \end{matrix}$$

参考文献

[1] Gupta S K. Comparison of Multi-criteria Decision Making Methods for Selection of Handmade Carpets [J]. Journal of Natural Fibers，2022，19（2）：658-668.

[2] Iftikhar F，Ali Z，Hussain T，et al. A Multi-Criteria Decision-Making Approach for Woven Fabric Selection and Grading for Ladies Summer Apparel [J]. Journal of Natural Fibers，2021，18（10）：1481-1490.

[3] Mitra A. Selection of Cotton Fabrics Using EDAS Method [J]. Journal of Natural Fibers，2022，19（7）：2706-2718.

[4] 陈常青. 多属性组合决策方法研究 [D]. 长沙：中南大学，2006.

[5] 陈农. 考虑碳排放的内陆港集装箱运输方案选择多属性决策研究 [D]. 大连：大连海事大学，2013.

[6] 但鹏飞. 基于决策偏好理论的艰险山区铁路线路方案优选研究 [D]. 成都：西南交通大学，2020.

[7] 方良元. 基于VIKOR综合模型的供应商选择研究——以HD建筑公司为例 [D]. 合肥：合肥工业大学，2015.

[8] 方志中. 基于ISM-ANP的快时尚服装品牌竞争力影响因素研究 [D]. 天津：天津师范大学，2021.

[9] 冯琳云. 基于前景理论的绿色技术创新主体行为博弈及演化研究 [D]. 成都：四川师范大学，2021.

[10] 冯志豪. VIKOR法在二手乘用车价值评估中的应用研究 [D]. 重庆：重庆理工大学，2022.

[11] 付冉冉. 基于ANP的BIM应用目标决策研究 [D]. 天津：天津大学，2014.

[12] 梁樑，杨锋，苟清龙. 数据、模型与决策：管理科学的数学基础 [M]. 2版. 北京：机械工业出版社，2022.

[13] 贺婷婷. 基于毕达哥拉斯二元语义多属性群决策方法研究及其在绿色供应商选择中的应用 [D]. 成都：四川师范大学，2021.

[14] 黄河，杨以雄．服装物流配送中心信息自动化升级决策及案例研究［J］．东华大学学报（自然科学版），2016，42（2）：287-293.

[15] 方国华，黄显峰．多目标决策理论、方法及其应用［M］．北京：科学出版社，2019.

[16] 李兰兰．基于PROMETHEE Ⅱ模型的多属性群决策方法研究［D］．大连：大连海事大学，2017.

[17] 李维．基于多属性决策方法的评价及灵敏度分析［D］．上海：东华大学，2008.

[18] 李向世．基于TOPSIS灰色关联度法的土石坝渗漏处理方案优选［D］．西安：西安理工大学，2013.

[19] 李兴江．基于前景理论的不确定犹豫模糊多属性决策方法研究［D］．秦皇岛：燕山大学，2018.

[20] 潘哲康．基于ANP-VIKOR方法的浙江省地勘系统事业单位内部控制评价［D］．南昌：华东交通大学，2020.

[21] 舒服华，杨慧芳．基于VIKOR法的喷气涡流纺纱工艺参数优化［J］．国际纺织导报，2018，46（6）：16-18.

[22] 宋颖．基于多属性决策的复杂装备威胁评估［D］．成都：电子科技大学，2022.

[23] 王杰．基于二元语义中智集的多属性决策方法及其在供应链金融信用风险评价中的应用［D］．成都：四川师范大学，2020.

[24] 王深哲．含间歇性电源的电网规划方案评选体系研究［D］．南京：东南大学，2014.

[25] 王颖．基于TOPSIS法的多元质量特性优化方法研究［D］．天津：天津大学，2007.

[26] 魏培华．基于PROMETHEE的分包商评价与选择研究［D］．重庆：重庆交通大学，2012.

[27] 吴孔达．基于AHP的中韩企业内部审计绩效比较研究［D］．上海：同济大学，2008.

[28] 吴月秋．梯级水库群多目标优化调度方案决策及风险分析研究［D］．北京：华北电力大学，2021.

[29] 于孝洋．公众获取科技信息渠道中评判权重确定的研究［D］．沈阳：东北大学，2015.

[30] 张慧洁．多属性决策在武汉南岸嘴及龟北片工业遗产价值评价中的应用研究［D］．武汉：华中农业大学，2014.

[31] 张俊．基于ELECTRE法与熵权法的施工模板配板方案优选技术研究［D］．天津：河北工业大学，2015.

[32] 张科静，杨保安．多目标决策分析理论、方法与应用研究［M］．上海：东华大学出版

社，2008.

[33] 赵鸣雁，陈吉宁，王白陆. 水系统多准则决策研究进展［J］. 水文,2008,28（6）:8–11.

[34] 张向波，赵中凯. 管理决策模型与方法［M］. 北京：国防工业出版社，2017.

[35] 周亚. 多属性决策中的TOPSIS法研究［D］. 武汉：武汉理工大学，2009.